もう一人の女子留学生
瓜生繁子はどう生きたか

生田澄江

22世紀アート

ヴァッサー・カレッジ卒業記念

右上：ヴァッサー・カレッジ時代の繁子

左上：アナポリス海軍兵学校時代の瓜生外吉

右下：文部省発行の米国留学免許証

左下：渡米中の繁子のサイン帖と日記帳

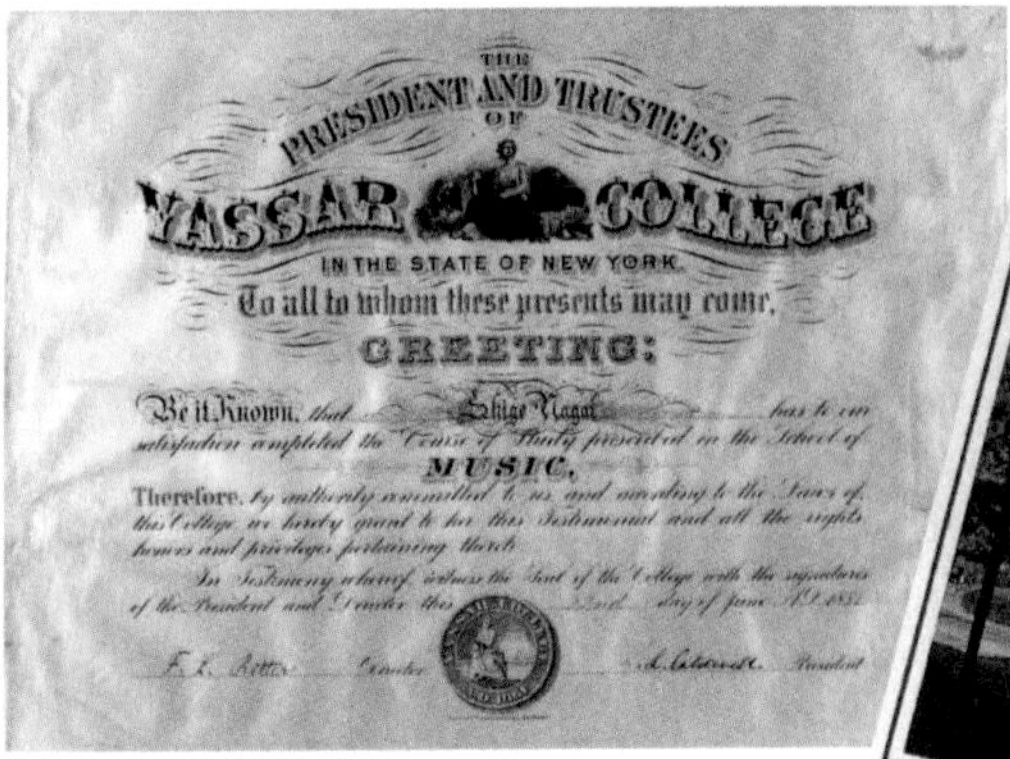
THE PRESIDENT AND TRUSTEES OF VASSAR COLLEGE
IN THE STATE OF NEW YORK.
To all to whom these presents may come,
GREETING:
Be it Known, that Shige Nagai has to our satisfaction completed the Course of Study prescribed in the School of
MUSIC,
Therefore, by authority committed to us and according to the Laws of this College we hereby grant to her this Testimonial and all the rights honors and privileges pertaining thereto.
In Testimony whereof, witness the Seal of the College with the signatures of the President and Director this 22nd day of June A.D. 188[illegible]
F. L. Ritter Director S. Caldwell President

上：ヴァッサー・カレッジ音楽科の
卒業証書
右中：ヴァッサー・カレッジ（絵はがき）
左中：繁子、大山捨松、
友人のマーサ・シャープ
下：楡の並木の多い
ニューヘヴンの町（絵はがき）

左上：1914 (大正 3) 年パナマ運河開通記念
サンフランシスコ万国博覧会へ
右上：渡米して、ピットマン家を訪ねる瓜生夫妻。
左奥が外吉、右から三番目が繁子
左下：益田一家。二列目右より三番目が繁子、鳳、孝夫人栄子。
後列左より瓜生外吉、益田太郎、益田克徳、益田孝、
益田英作
右下：着物姿の繁子と大山捨松

プロローグ

本書のヒロイン瓜生繁子《うりうしげこ》は、一八七一（明治四）年欧米視察の岩倉使節団とともに渡米した、最初の女子留学生の一人である。一緒に留学した山川捨松、津田梅子は、すでに伝記もあり、読者もよくご存知であろう。だが、女子教育のリーダーたらんと帰国した捨松は、大山巌公爵夫人として、「鹿鳴館の花」という余りにも明治的な喧伝の中に自身の夢を閉じ込めてしまった。津田塾大学の創始者となった津田梅子は、独身のまま、一途に学校経営にその生涯を捧げた。だが彼女たちの世間的な名声の陰には、一抹の満たし切れなかった心情が見え隠れする。

一方、留学先のアメリカの大学で音楽を専攻した繁子は、近代日本の西洋音楽導入期に帰国し、すぐに文部省音楽取調掛に採用された。日本語の読み書きの不自由な、捨松と梅子の焦りをよそにである。音楽を専攻した幸運であった。その後、官立の東京音楽学校（現東京藝術大学）・東京女子高等師範学校（現お茶の水女子大学）で音楽と英語の教鞭を取り、ただ一人の女性教授の地位にあった。学んだものを確実に活かすことができた瓜生繁子。その生き方が、どうしてか誤り伝えられていることに、筆者はずっと心を痛めてきた。たとえば「帰国して留学の成果を生かすことなく、さっさと結婚し家庭の人となってしまった」（『明治女性史　文明開化篇』村上信彦）とか、「学業途中で帰国してしまった」「正規の学生ではなかった」（『鹿鳴館の貴婦人大山捨松』久野明子）などである。

留学中、繁子は、アナポリス海軍兵学校の留学生であった、スマートな海軍士官の瓜生外吉《うりうそときち》と運命的な出会いをし、帰国後結婚した。そして七人の子女を生み育てながら、国に恩を還すという使命感とキリスト教の信仰に支えられ、二十年もの歳月を、見事に家庭と職業とを両立させたのである。

日露戦争で功を立てた夫、瓜生外吉（海軍大将・男爵）の引退後は、雲行きの怪しくなった日米関係の改善に尽すべく、夫の良きパートナーとして再度の渡米をする。しかし時代の潮流を押しとどめることはできず、この心労がやがて外吉を病の床につかせてしまう。夫の看病に明け暮れた繁子は、自らも癌を患い、六十七歳で夫に先立った。

明治・大正という男性優位の時代、運命にあえて抗わず、しかも夫の出世を支え、子どもを育て上げ、自身の社会的地位も着実に築いた女性。自立的に生きた典型的なヒロイン・瓜生繁子のしなやかな生涯を、ぜひ知っていただきたいと思う。

目次

第一章　生い立ちと渡米

船出

一八七一年十二月二十三日（旧暦では明治四年十一月十二日）。この日の横浜港は快晴で、波頭が朝日にきらきらと輝いていた。欧米視察の岩倉使節団総勢百七人（メンバー四十六名、大使・副使の随行者十八名、留学生四十三名）は、それぞれ小型蒸気船に分乗して、横浜港沖合に碇泊しているアメリカ号に乗り込んだ。

一行は特命全権大使の岩倉具視、副使の木戸孝允、大久保利通、伊藤博文、山口尚芳をはじめとする、平均年齢三十三歳という若い集団である。

離日前、晴れ着を着た五人の少女。左から二人目が繁子

その中に、ことさら幼い少女たちの姿があった。北海道開拓使が募集した女子留学生、吉益亮子（十五歳）、上田悌子（十五歳）、山川捨松（十一歳）、永井繁子（十歳）、津田梅子（八歳）の五名である。

埠頭は、使節団の見送りにきた家族、友人、また時の政府の要人たちを一目見ようと集まった人たちで、ごった返していた。彼らは一様に、稚児髪に振袖姿の少女たちに好奇の目を注いだ。そこには「あんな幼い娘をよくまあアメリカなんぞへ遣るもんだ。親の気が知れない」という表情がありありと浮かんでいた。

やがて出航を告げる砲声とともに、アメリカ号は港を離れた。少女たちは、祖国の島影が見えなくなるまで甲板に立ち尽くしていた。

後に津田梅子がこの時の心境を「心臓をどきどきさせて」という表現で記しているが、五人それぞれがその胸に抱いた想いはなんであったのだろう。

こうして少女たちは、文明開化の熱いうねりに呑み込まれ押し出されるように、アメリカ大陸へと旅立ったのである。

生い立ち

永井繁子は一八六一（文久元）年三月二十日（新暦では四月二十九日）、江戸湯島猿飴横町の旗本長屋で、幕府外国方に勤務の父益田鷹之助と母らくとの間に生まれた。彼女の誕生については、彼女の実兄（長男）で初代三井物産社長であった益田孝が自ら筆を執った『故瓜生繁子追悼紀念記』（以下『紀念記』と略称する）の中で、次のように述べている。

余が妹瓜生男爵夫人故繁子は、文久元年五月七日《（ママ）》江戸本郷《（ママ）》猿飴横町の家に生る。余が同胞は、姉いね、同きう、弟克徳、妹きん、同繁子、弟英作の七人なるが、姉いねは、余が二歳の時、姉きうは余が三歳の時いずれも夭逝し、余が家にては兎角女児は成育し難きため、繁子を五歳（実年齢は七歳）の時、幕府の軍医永井玄栄に養女として遣はしたり。

永井は余の勤務せし騎兵隊に属し、信頼するにたる人物なりしため遣はしたるなり。徳川家が駿河へ移封されし時、永井家も沼津に移りたれり。繁子も同地に赴きたり。

つまり繁子は七人兄弟姉妹の六番目の女児であったが、姉たちはすべて夭折し、女児では彼女だけが成人したことになる。

益田家の人々

永井繁子の生家益田家については、益田孝がその秘書長井実の編集した『自叙益田孝翁伝』の中で、かなり詳細に語っている。

益田家は一六三五（寛永十二）年から一六五三（承応二）年まで佐渡奉行であった伊丹播磨守康勝の時に、上州、つまり今の群馬県から佐渡相川に来て、奉行の役所である相川陣屋の出入医師となり、一六八七（貞享四）年に没した益田甚政に始まる。のち、四代目の忠助より佐渡奉行の地役人に取立てられ、以後、益田孝の父（繁子の父でもある）まで、四代に亘って地役人を務めていた。

父鷹之助は計数に明るく、算盤の名手だった。彼は三挺の算盤を前にして、どれだけ速く数字を読み上げられても間違わなかったという。彼はいわゆる経理担当の能吏だったのである。のちに孝の弟で、繁子の兄にあたる克徳が慶應義塾に通い、代数を学んでいることを父鷹之助に話したら、親子である問題を解く競争をすることになった。ところが鷹之助はすぐに問題を解いてしまったのに、克徳の方はなかなかできなかったということである。

やがて彼はその能吏ぶりを買われて抜擢され、幕府直参となった。そして一八五四（安政元）年二十八歳の時に箱館奉行所支配調役下役を命じられ、家族を連れて箱館に赴任する。

一八五八（安政五）年に日米修好通商条約が締結されると、いよいよ海外との貿易が実際に開始され、一八五九（安政六）年六月二日（新暦では七月一日）に箱館も開港された。その一番乗りがアメリカ領事のエリシャ・E・ライス（Elisha E. Rice）であるが、彼は自分が初めて箱館の土を踏んだ時には、「英語の十単語も知っている者は一人もいなかった」と記している（函館日米協会編『函館開化と米国領事』）。以後、箱館には外国領事館が次々と開設され、英語、ロシア語、ドイツ語が飛び交う、寒いが活気のある港町となった。

繁子の父鷹之助も慣れない外国人の応接に忙殺される日々を過ごしたに違いない。

英語を学ぶ長兄の孝

箱館時代の益田家に、繁子はまだ生まれていないが、長兄の孝は十一歳になっており、奉行所内に設けられた学問所に通っていた。さらに、オランダ語をはじめ英、露、漢語にも精通した通詞名村五八郎の家にもせっせと足を運んだ（ちなみに、孝の弟の克徳はこの通詞の養子となり、名村一郎を名乗っていた時期があった）。孝は、にわかに国際交流の花開いた箱館で来るべき時代の空気を感じつつ、英語の勉強に精を出していたのである。

箱館が開港された一八五九（安政六）年には、父鷹之助は箱館奉行支配定役になり、その年のうちに外国奉行支配定役として江戸城西ノ丸外国方に栄転した。家族は喜び、一家はひとまず下谷に居を定めた。

父鷹之助の転勤に伴って江戸に移った孝は、今度はアメリカ公使館になっている麻布善福寺に英語を習いに通う。先生は公使館雇いの通詞で、遣米使節とともに咸臨丸で渡米することになる「トミー」こと立石斧次郎だった。

一八六一（文久元）年、孝は通常十五歳で元服するところを、十三歳で済ませ、直ちに外国方に通詞として出仕することになった。当時幕府がいかに英語のできる人材を求めていたかが察せられる。ほどなく彼は、今度は英語を習いに通っているアメリカ公使館の通詞見習として、正式に善福寺詰となった。

ここで孝少年は日々接するアメリカ領事タウンゼンド・ハリス（1804-78）の人物に深く心を動かされ、彼の母国アメリカに憧憬の念を抱くようになった。そのため、明治の世となり、北海道開拓使が女子留学生を募集した時、妹の繁子をどうしても留学生の一人として加えたかったのだ、とのちに述懐している。繁子の誕生した一八六一（文久元）年は、まさに孝が外国方に出仕した年である。孝と繁子は十三歳違いの兄妹であった。

当時幕府の開国策で、世情は騒然としていた。ちょうど一年前の一八六〇（万延元）年三月には桜田門外で井伊大老が暗殺され、この年の五月には高輪東禅寺のイギリス公使館が浪士によって襲われた。しかしハリスは平然としていた。十二月に書記官のヒュースケンが水戸の浪士に斬られたあとも、ハリスは鍵の掛からない、障子とふすまの不用心な善福寺に、相変わらず独りで住んでいた。善福寺の庭は樹木が鬱蒼としていて、昼も薄暗かったという。よほどの胆力がないと務まらないと、孝は感心した。この時のハリスの冷静な態度は、終生孝の心から離れなかった。

遣欧使節団に随行の父子

幕府は先の日米修好条約の調印で箱館・新潟・横浜・神戸・長崎の五港の開港を約したものの、国内の攘夷派や、強硬に反対を唱える朝廷の手前、一八六四（元治元）年に、聞き入れられるはずもない鎖港談判に、あえて池田筑後守をヨーロッパへ派遣することに決めた。

外国方勤務の鷹之助は、この使節団に会計役として随行することになった。この時息子の孝も、さっそく病気を理由に公使館勤めを辞めて、名前を「進」と変え、父鷹之助の家来という名目で同行するのである。当時親子で一緒に外国へ行くことは禁止されていたが、何ごともチャンスを逃がさぬ益田父子の面目躍如というところだろう。

一行の中には、矢野次郎、尺振八（英学者、一八三九〜八六）、三宅秀（医学博士、一八四八〜一九三八）などがいたが、三宅は「益田は英語がよくできて、船中ではほとんど誰も右に出る者がなかった」と述べている（小玉晃一・敏子『明治の横浜』）。「元治元年巴里ニテ、益田進［孝］十七歳」と記した写真が残っているが、その面差しは溌剌としていて、来るべき新時代を見透すかのような気概に満ち溢れている。またもう一枚益田親子が一緒に写っている写真があるが、そのバックには、彼らが祖国日本とのあまりの違いに目を見張り、思わず涙したというパリ市街の高層建築が写っている。

遣欧使節団に随行の益田孝

この時の鎖港談判はまずフランスとの間に開始されたが、フランス側からはまったく相手にされなかった。しかし皇帝ナポレオン三世は、使節一行に対して至れり尽くせりの歓待をした。フランス側としては、開港延期には応じなかったものの、イギリスとの対抗上、日本と手を切るつもりはなかったのである。

皇帝は将軍徳川家茂《いえもち》にアラビア馬二十六頭を贈り、幕府が近代的な軍制を採用しようとしていることを知って、歩兵・騎兵・砲兵・工兵の各士官を教官として日本へ派遣してくれることになった。

一方遣欧使節団は、フランス政府に拒絶されたのなら、他の国々も同じであろうと考えて、それ以上の訪問を打ち切り、一八六四（元治元）年五月十七日にパリを発ち、七月十八日に横浜に帰着した。

徳川幕府の崩壊と益田孝

帰国した孝は、矢野次郎とともに幕府の騎兵隊を志願して、騎兵隊指図下役を仰せつかった。一八六七(慶応三)年春、約束通りフランスからシャルル・シャノワン団長以下十五名の教官団が到着した。孝の所属する騎兵組の教官はデシャルム大尉といい、実に熱心に教えてくれた。号令をかけるのも講義もすべてフランス語だった。

その後一八六八(慶応四)年二月、孝は騎兵頭並を拝命し、江戸城で将軍慶喜よりじきじきに辞令を手渡された。彼はこれで将軍御目見《おめみえ》以上の、旗本と同格の身分となったが、情勢は緊迫していた。すでに討幕軍(官軍)は東海道と中仙道の両方から、ひたひたと江戸を目指して進撃して来た。孝は「これではとても駄目だ」と、覚悟の遺書も書き、形見分けまでしたが、官軍との和議が成り立ち、江戸城明け渡しという事態になったのは、二カ月後の同年四月のことであった。益田孝は徳川政権崩壊のプロセスの渦中に、その青春時代を生きたといえよう。

孝の弟克徳(名村一郎)は、当時幕府海軍の修業生となっていたが、海軍副総裁の榎本武揚が軍艦を率いて江戸を脱走した時、彼も小さなガン・ボートに乗って艦を追いかけた。しかし彼はその途中で官軍に捕えられ、東京に護送されていた。

明治の世となると、この進取の気象に富み、時勢を見ることに敏な益田家の兄弟は、旧幕臣の多くが時勢に乗れずに次々と没落していくのを尻目に、成功してゆく。

孝は横浜に出て外国貿易に着目し、一八七六（明治九）年、二十八歳の若さで三井物産社長となり、既刊の新聞は政治・法律・社交のことのみを報じているが、世界の物価の動向を知らぬでは貿易業務はできないと、私財を投じて『中外物価新報』（現在の『日本経済新聞』の前身）を発行した。次男克徳は慶鷹義塾の秀才と謳われ、一八七三（明治六）年に「海上保険条令」を作成して、四年後に創立した東京海上保険の総支配人となった。三男英作は三井物産の兄のもとで働いた。益田家はこのように、実業界で稀にみる成功を収めた一家といえよう。なお孝の妻は、若き日にいつもともに英語の修業に励んだ矢野次郎の美しい妹、栄子であった。矢野は、現在の一橋大学の母体である商法講習所の初代所長となった人である。

これから紹介しようとしている永井繁子は、右の兄弟たちのたった一人の愛すべき妹であった。

孝によると、父の鷹之助は、「なかなかアムビションの強い、何ごとも人に負けることの嫌いな人」であった。彼は明治維新となって鳳《ほう》と改名した。彼は一時慶應義塾の塾長福沢諭吉のもとで書記方となり、能筆だったので、塾の最初の規則を書いたという。一八六九（明治二）年頃には韮山県の東京詰書記に就任し、その後カナダ・メソジスト教会に入信した。

実は鳳のみならず、旧幕臣が維新後こぞってキリスト教に入信している。理由として、旧幕臣の士族層は庶民に比べて漢学の素養があり、したがって当時の漢訳聖書などの理解がしやすかったこと、海外情報の入手や洋学の学習、あるいは外国人との接触を通じて、キリスト教への偏見から比較的早く自由になれたこと、封建時代における倫理観や、指導的意識とキリスト教の信仰に共通点を見出し得たことが挙げられよう（沼津市明治史料館通信第一巻四号『神に仕えたサムライたち』）。

幕府が堅くキリシタン禁制を守ってきたことを思うとまことに皮肉なことである。

永井家の養女として

さて繁子が五歳（実年齢七歳）の時に永井玄栄の養女となったことは前に述べた。明治維新に伴い、徳川家が静岡に転封になった時、永井家も沼津に移った。繁子は晩年『ジャパン・アドヴァタイザー』紙（一九二七〈昭和二〉年九月十一日付け）に寄稿した英文の手記（以降『手記』とする）のなかで沼津時代のことを、短いが次のように述べている。

私たちは静岡の領地に隠棲する徳川慶喜に従って、長いこと籠にゆられて、五日後に沼津という所に着きました。ここで私は習字と漢字［の読み書き］だけを教える寺子屋に通い、養家の家族と三年間、静かな田舎の生活を送りました。

繁子の養父永井玄栄は、沼津兵学校付置の沼津病院の三等医師として活躍し、その子息で繁子の義理の兄に当たる久太郎は、沼津兵学校から東京の工部大学校（東京帝国大学工学部の前身）に進学して鉱山学を修め、工学士となったということである。一九〇八（明治四十一）年の沼津兵学校同窓会の記念写真にその姿が見え、また繁子の兄益田克徳（明治三十六年没）の七回忌に、久太郎も参列していることがわかったが、その前後の消息はつかめぬままである。それゆえ繁子の沼津時代のことは右の『手記』以上のことはわからない。

北海道開拓使と女子留学生

明治政府は一八六九（明治二）年に北海道開拓使を設立し、政庁を函館に置き、北海道の開発に着手することになった。翌年黒田清隆が開拓使次官に任命された。彼はさっそく開拓事業の視察のために、一八七一（明治四）年一月に渡米し、合衆国農務局長ホーレス・ケプロンを開拓使の顧問として日本に招聘することにした。そしてアメリカからヨーロッパに赴き、再びアメリカを経由して同年八月に帰国した。

黒田はこの視察旅行で、アメリカ人女性の教養と地位の高さに強い感銘を受けた。ただこの時黒田が感銘を受けたアメリカの女性像は、現今のような男女同権の姿ではなく、「従順、敬虔、貞節、家庭的」という、いわゆる十九世紀のヴィクトリア的な良妻賢母像であった。彼は教育を受けたアメリカ人女性と日本人女性とのあまりにも大きなギャップに、家庭で子女を育てる女性の教育の重要なことを痛感した。彼はワシントンでは駐米少弁務使の森有礼と会って女子教育の重要性を論じ、森の賛同を得た。彼は帰国後政府に建議書を提出し、開拓使に女学校を設立して、女子留学生を欧米に送ることを提案した。

黒田の建議に基づいて、十月に留学生の募集が行われた。留学の期間は十年で、開拓使が旅費、学費、生活費のすべてを負担し、さらに年間八百ドルの奨学金を支給するという好条件であったが、応募者は少なく、二回の募集を重ねて、ようやく五人の応募者を得ただけだった。彼女らの家族的背景はさまざまであったが、ただ一つの共通点としては、いずれも旧幕臣で、比較的外国の事情に通じた家庭の出であったということを挙げることができる。

この女子留学生は、たまたまその年の十一月に出発することになっている岩倉使節団に同行して、渡米することになった。

嬉々として永井家を去る

益田孝は女子留学生の募集のことを知り、妹の繁子をこれに加えたいと考えて、独断で願書を提出して、受理された。そこで孝は弟の克徳を沼津にやって、繁子を東京に連れてこさせた。

繁子が田舎での平凡な日常を被る渡米という事態をどう受けとめたのかを、彼女の『手記』から抜き出してみよう。

> **突然横浜の兄からの使い［弟の克徳］が馬でやってきて、政府の命令ですぐ東京に戻るよう、私はアメリカという国に送られる（ママ）ということでした。私どもの驚きを想像してください！　何も知らぬ十歳の少女が未知の国に三年もの長い年月を過ごさねばならないなんて。それは一八七一［明治四］年のことでした。私は初めて人力車に乗って横浜を目指しました。そして至る所で祝宴が張られ、準備のための数週間はまたたく間に過ぎてしまいました。**

永井一家が「突然こんなに幼い子どもをアメリカに」と、驚いたことはわかる。しかし孝の『紀念記』には、克徳を沼津に造りたるに、欣喜として承諾し、父母同胞と別るるを怖れる色もなく、今日とは違ひ、何事も事情のわからぬ異国への旅なれば、故郷を離るるは固より心細かるべきに、涙一つこぼさず嬉々として出で行きたるは大膽とや言はん、大和魂は却て婦人に宿りしかと思はしめたり。

という記述があり、胆力のすわった後年の繁子の片鱗を確かに思わせはするが、私は少し喜びすぎるのではないか、という感じも同時に持った。

その後、この時の彼女の嬉々とした様子がまことに子どもらしい理由からだったことを、繁子の長女千代の娘さんである小金克子さんが話してくださった。「それがね。繁子の養母という人がきつい性格で、祖母［繁子のこと］は、永井家の暮らしが嫌でたまらなかった、とよく私の母に話していました」というのだ。それゆえ繁子にとっては、むしろ渡りに舟のアメリカ留学だったというわけである。

そういえば兄の孝も「幼時他家に養女となりて養母の酷遇に耐へ…」と『紀念記』に書いているが、アメリカ留学がその「酷遇」からの脱出の絶好の機会であったとは…。わずか十歳の子どもの、いじらしくも大胆な知恵を、兄孝は知らなかったのだろうか。

渡米前、皇后に拝謁

出航三週間前の一八七一年十二月二日（明治四年十一月九日）、五名は揃って顔合わせをした後、支度金であつらえた着物を着て、みんなで皇居に向かった。繁子は『手記』のなかで、「私たちはたくさんの部屋を通り過ぎる時、御簾《みす》の陰から私たちを盗み見している詮索好きな女官たちのことを覚えています」と記している。そして皇后からは「よく勉学して、帰国した暁には、日本の女子教育のための婦女の模範となるように」というお言葉を頂く。それを受けて年長の吉益亮子が代表でお礼を述べたほかは、「長い時間をたゞたゞお辞儀ばかりしていました」。拝謁が終わると、一同はその足で日蔭町に写真を撮りにいった。

その夜、岩倉使節団の副使の一人である大久保利通が彼女らを晩餐に招いてくれた。日本風の絨毯が敷かれている客間で、一同はさりげなく出された上等なワインやダンスや音楽が、遠い異国へ行くことに対して漠然と抱いていた不安を消し去ってくれたように感じた。繁子はその『手記』のなかで、「このパーティーで楽しいひとときを過ごした」と回想している。ただし、その当時、大久保家で音楽にのってダンスをしたとは考えられない。これはのちにアメリカでのパーティーを体験したことによるイメージであろう。

使節団の一行は十二月二十一日（十一月十日）に東京を離れ、特別列車で横浜に向かった。当時、新橋・横浜間の鉄道は、まだ公式には開通になってはいなかったが、百人以上の岩倉使節団の人々を横浜埠頭に運ぶために、一足早く運行させたのだった。女子留学生たちも岩倉使節団の便乗組だったので、「その栄誉にあずかれた」。

繁子たちは、車窓の風景がみるみる眼前から消えてゆくその速さに、目を丸くしたに違いない。

長い船旅

さてこの岩倉使節団の出発前後の詳細は、久米邦武の『特命全権大使米欧回覧実記』および当時の新聞報道や久野明子著の『鹿鳴館の貴婦人　大山捨松』などに詳しいので、ここでは本書の主人公たる永井繁子の『手記』のなかから紹介しよう。

私たち女子は五名でした。アメリカ公使夫人のミセス・デロングとその二人の娘さんと何人かの外国人が、同じ蒸気船に乗ってアメリカ号に乗り移りました。一階の船室が私たちの部屋となりました。

津田梅子は細くて小ちゃな女の子なので、吉益亮と一緒に寝ました。私の姉は（益田きんか明治七年死去）古い草履を私にくれました。そして病気［吐気］治療のおまじないとして旅行中、自分の枕の下に置いておくようにと言われました。また友人たちからはお菓子の折を贈られました。その箱は船室の天井近くにまで届くほどだったので、私たちは得意になりました。

長い辮髪の中国人コックが外国の料理を運んで来ましたが、私たちは箸をつけようとしなかったので、かれらはそれを全部ひっこめてしまいました。その代りに私たちは菓子折の中味を次々と空にしていきました。

いちばん困ったのは船酔いでした。三日目に、私たちの船室の降りの福地源一郎［桜痴］が私たちの苦しむのを見かねて、酔いを助長する甘い菓子折を一つ残らず海中に投げ込んでしまいました。私たち全員が「捨てないで」と泣き叫ぶのを尻目に…。

まもなく船酔いもおさまった頃、伊藤博文が私たちを慰めに来て、「お行儀よくするなら自分の部屋に来てもいいよ。いいものを上げるからね」と言ってくれました。彼のところで一切れの味噌漬けを一人ひとりの掌にのせて貰って、その日は私たちはとても神妙に過しました。

少女らが船中で知り合った岩倉使節団の面々は、いずれ劣らぬきかん気の元気者ぞろいだった。彼らの多くは、明治という時代の表舞台で国政に深く関わってゆくことになる。菓子折事件の福地も、当時三十歳そこその気鋭の一等書記官であったが、のちに『東京日日新聞』の主筆として政府支持の論陣を張り、さらに劇作家としても活躍した。

着物から洋装へ

横浜を発ち、二十四日間の船旅を終えた使節団と少女たちは、十二月六日にサンフランシスコに上陸した。そして市の目抜き通りのグランドホテルにひとまず旅装を解いた。翌日は知事をはじめ、陸海軍将官、各国領事、実業家などの訪問が続き、夜はホテルの前で軍楽隊が華々しく歓迎演奏をしてくれた。岩倉大使がホテルのバルコニーに出て日本語でスピーチをし、デロング氏がそれを通訳すると、盛んな拍手がわき起こった。

五人の少女たちにとっても夢見心地の幾日かであったろう。ことに五人の娘たちの着物姿に人気が集中した。その豪華な衣装に実際に触れてみようとするアメリカ婦人たちにたちまち取り囲まれるので、少女らはホテルの部屋から出るのもままならなかったという。

サンフランシスコで数日過ごした後、大陸横断の列車の旅に出発した一行は、途中ソルトレーク市で吹雪のために二十日近く滞在を

世話役のデロング夫人と。右端が繁子

余儀なくされた。繁子の『手記』には

ソルトレーク市で猛烈な吹雪となり、二週間以上もホテルに足止めを食ってしまいました。私たちは雪のすごさを目の当りにしました。そしてはじめて雪ぞりに乗りました。けれど私たちは日本の着物だったので、冷たい風は私たちを家の中に籠らせてしまうのでした。

上：洋装になつた少女たち。左から繁子、吉益亮子、上田悌子、津田梅子、山川捨松
下：洋装の繁子。ワシントンにて

とあるが、そこには

伊藤博文はしばしば私たちの部屋にやって来て、髪の毛が総毛立つようなお化けの話からだんだんと昔のお伽話に移るのでした。

と、若き日の維新の政治家の人なつこい、愛すべき一面も描写されている。

シカゴでは岩倉公の三人の子息（具定・具綱・具経。ただし具綱は英国留学中の筈だが）が歓迎してくれたけれど、彼らは日本の着物姿の少女たちを見て、とても恥ずかしがり、彼女たちは洋装になるよう説得された。そのため急いでドレスがあつらえられたので、「私たちは幸せだった」。

一行が首都ワシントンに着いた時に撮影した、新調の洋服姿の小さなレディたち五人全員のものと、繁子一人がすまして収まった写真が残っている。

しかし、世話役のデロング夫人はなかなか和装を解かせなかったというし、アメリカのある新聞記者は、洋装に変身した女子留学生を見て、「それまで日本女性を覆っていた神秘性が失われてしまって、ただの貧相な女の子になってしまった」と嘆いていて興味深い（泉三郎『堂々たる日本人』）。

ピアノとの出会い

岩倉使節団の一行は一八七二（明治五）年一月十四日にワシントンに到着した。現地ではサンフランシスコ、シカゴ同様、使節団の到着前から歓迎委員会が組織されていて、市挙げての歓迎行事が連日続いた。使節団がワシントンを離れると、当時の駐米公使森有礼が残った彼女らの世話をした。森はワシントンに一軒の家を借り、少女たちを教育するために先生を雇ったが、全員が一緒に住んだので、英語に関してはさっぱり進歩しなかった。ピアノの先生も週二回出向いてきた。これには繁子がいちばん熱心になったが、自身も後年このピアノが自立の源になるとは思わなかっただろう。

この後、津田、永井、山川の三人は、ばらばらにアメリカ人の家庭で暮らすことになるが、年長の二人、吉益と上田はそれ以前に帰国している。アメリカの地に到着して歓迎の興奮がひとまず冷め、自分自身を見つめた時、ちょうど感じやすい年齢の二人がひどいホームシックに陥ったのだ。おまけに吉益は重い眼病を患ってしまった。みるみる元気をなくしていくのを見かねた森が、二人を帰国させることにしたのである。

　ワシントンでは私たちは駐米公使の森有礼にとくに世話になりました。彼は当時二十七歳《ママ》〔実年齢は二十五歳〕の青年外交官でした。公使館の書記官のチャールズ・ランマンが、私たちの教育に関しての相談役となりました。

津田梅子はランマン夫妻の家で暮すことになって、行ってしまいました。夫妻には子どもが無かったので、梅子を〈輝かしい小っちゃな大君《タイクーン》〉と呼んで可愛がりました。

そして、山川捨松はニューヘヴンのベーコン家へ、永井繁子はその隣町のフェアヘヴンのアボット家に預けられることになるのである。

第二章　アボット・スクール時代

ホスト・ファミリーのアボット家

永井繁子がヴァッサー・カレッジに入学する以前に、どこでどのような教育を受けたのかについては、正確な記述にほとんどお目にかからない。繁子の帰国後の職場であった、東京音楽学校の後身である東京藝術大学に保存されている繁子の履歴書にも、次のようにしか記されていない。

明治五［一八七二］年十一月七日カナテカット州ニウヘブンにおいて、普通小学校に入学、三年間の後中学へ進み、明治十一［一八七八］年六月修了。

しかし実際には彼女は一八七一（明治四）年に女子留学生として渡米し、半年間の共同生活を送ったあと、一八七八（明治十一）年にヴァッサー・カレッジに入学するまでの七年近くを、コネティカット州フェアヘヴンのアボット家に寄宿して、同家の経営する私立学校であるアボット・スクールで教育を受けたのである。

つまり彼女はヴァッサー・カレッジで過ごした三年間の倍以上の年月を、同家とアボット・スクールで過ごしたわけである。後述するが、このフェアヘヴンという町は、メイフラワー号の子孫によって多くのコロニーが形成された時代の伝統を保って、とくに教育熱心な知的文化圏であり、十九世紀には捕鯨基地として活況を呈し、大いに発展したところである。

このアボット・スクール時代は、彼女にとっては童女から思春期、そして青春期へと、すべての面で成長著しい時期に当たるのだが、この時期について繁子本人は、その『手記』の中でごく簡単にふれているだけである。しかし『自叙益田孝翁伝』に引用されている繁子の夫瓜生外吉の談話は、この間の事情についてかなり詳しく述べている。

お繁の預けられたのはジョン・アボットであるが、アボット家はアメリカでは有名な家で、世界中の人物の伝を書いたアボット・シーリーズという本があるが、これはジョン・アボットの兄さんの著作である。ジョン・アボットも歴史家で、そのナポレオン一世伝は有名なものである。

お繁が預けられた時アボットは七十くらいであった。アボット夫婦は六人の子持ちで、南北戦争に名誉の戦死を遂げた長男が一人欠けただけであったが、家には三十五、六歳のエレンというお嬢さんが一人いるのみであった。…エレン嬢は生涯独身で暮した。当時アメリカでは、南北戦争で男子がたくさん死んだので、未婚の老婦人がずいぶん多かった。お繁の教育を引き受けたのはこのエレン嬢である。当時エレン嬢は小学校よりも少し程度の高い学校を作って、近所の子供を集めて教えていた。学校といっても自分の家で、生徒も精々十人くらいであった。

あとに述べるように、外吉は一八七五年からニューヘヴンでアナポリス海軍兵学校の入学試験の準備をしており、入学後も、その帰省先がニューヘヴンのピットマン家であった。ピットマン家と繁子の寄宿していたアボット家とは懇意で、両家は頻繁に往き来しており、ピットマン家の三人姉妹ヘレン、エリザベス、レイラもアボット・スクールの生徒で、繁子とはクラスメイトという関係だった。これについてもあとに改めて述べたい。

外吉によれば、アボット家は「何かというと「他家に嫁いだ」子供らが孫を連れて「訪れて」来るし、よく人を招いてご馳走する人だったたから、実に賑やかな晴れやかな家庭であった。「また当主の」アボット氏は親切な立派な紳士だった。無論ピューリタンであるが、山川捨松さんの預けられたベーコン氏のように岩のような融通の利かないピューリタンではなかった」ということであり、彼の記述から同家の明るい気風が伝わってくる。

アボット家の当主ジョン・アボット（John S. C. Abott, 1805-77）はメイン州ブランズウイックの生まれで、一八二五年にボードウィン・カレッジに入学した。後に有名な作家となるナサニエル・ホーソンや、国民的詩人となるロングフェローは同級生であった。彼はさらに神学校にも学び、以後牧師としてまた著述家としても活躍する。処女作は一八三三年に出版された『賢母論』(The Mother at Home, or The Principles of Maternal Duty)で、外吉が述べている『ナポレオン一世伝』は、一八五五年に出版されて、ベストセラーとなった。一八六一年にはニューヘヴンに来住し、ハウ・ストリート教会の牧師となった。その後フェアヘヴンに移り、同東地区の組合派教会の代理牧師を務めた。

私立学校アボット・スクール

繁子はこの一家の一員として、どのような知的・精神的な成長を遂げたのだろうか。

アボット・スクールの校長はジョン・アボットの娘のエレンが務め、母親のアボット夫人も、教師の一人として国語と自然科学を教えていた。リーフレットには他に五名の教師の名があり、そのうち四名までが既婚未婚の女性教師とわかるが、あと一名はブレークスリー教授(Prof. E. A. Blakesley)とのみ書かれていて、男女の別がわからない。この教授は「器楽」担当となっているので、繁子はこの先生にピアノを学んだのだろう。また「声楽」担当はアリス・ハッベル（Miss Alice N. Hubbell）という女性教師で、彼女はフランス語とペン習字も掛け持ちである。

ではアボット・スクールの教育方針はどんなものであろう。ここでは同校の学校案内のリーフレットの内容を紹介してみよう。

（一）ミス・アボットの学校は、彼女の父親であるジョン・S・C・アボット氏の住居であるニューヘヴン市グランド・ストリート二〇〇番地に設けられています。現代的な教育設備を備えた二つの部屋が生徒の使用に供されています。生徒一人ひとりに対してそれぞれ十分な注意が払えるように、できるだけ多く

の教師を配するよう、特別の配慮がなされています。特に若い女性の健康を注意深く保持することが最も大切であるという信念に基づき、女生徒に対しては、みな休み時間には、健康と優雅さを増進するような戸外での遊びに加わることを奨励しています。

（二）優れた教師たちが雇い入れられ、古代語（ギリシャ語、ラテン語）、近代語（ドイツ語、フランス語）、歴史、数学と哲学のあらゆる高度な分野、また器楽、声楽、作文と習字を教えています。より高度な知的文化を学ぶための基礎を与えることを教育の原則としています。

（三）知的向上は必要不可欠なものですが、その一方で、心を正しく訓練することはさらに重要です。家庭の幸福は家庭環境に魅力を与える小さな親切に左右されるものです。

（四）初等部は五歳以上の生徒を入学させます。休み時間は頻繁に与えられ、幼い時には、極めて繊細な神経に過重な負担がかからないようにされています。児童には十分な注意が払われ、さまざまな課目が準備され、子どもたちが教室で退屈することなく、楽しみを見出せるようにしてあります。少年少女は、このように教師たちの注意深い目のもとで一緒に訓練されない限り、上品で温和な習慣を身に付けることはできないと思われます。

（五）本校は正しいことをしたいと考えている良き子どもたちを教育することをその目的としており、悪しき子どもたちを矯正することを目的としてはおりません。一人の不良生徒ですら筆舌に尽くしがたい害悪をもたらすことがあります。良識ある父母各位には、こうした生徒を退学させる場合のあることをご了承いただきたく存じます。

アボット・スクールの建物(現在はガソリンスタンド)

以上がアボット・スクールの教育方針として掲げられているところであるが、そこには二十世紀に入ってからのマスプロ教育とは違った、私立学校の小規模ながらきめの細かい教育の良さを感じさせるものがある。

当時アメリカでは、公立の小学校はニューイングランド地方でのみ、すでに授業料が無料であった。その一方で私立学校は独自の教育を行う完全な自由を持っており、教育熱心な教師によって、現代より質の高い教育が行われていた。イギリスの作家チャールズ・ディケンズも何回かのアメリカ訪問の旅で、「アメリカは［ヨーロッパ諸国と比べ］学校教育・公共の福祉の充実に関しては、先進国である」との見方をしている（川澄英男『ディケンズとアメリカ　十九世紀アメリカ事情』）。

アメリカの学校制度は一八五〇年までにはある程度体系化されてはいたが、現代のように整然としたものではなく、教育内容も各学校で必ずしも同じではなかった。アボット・スクールの学制は次のようであった。

（一）初等科（The Primary Department）　五歳より、期間は一年
（二）本科（The Academic Department）　十歳～十五歳で期間二年
（三）高等科（The Higher Course）　期間四年

一学期ごとの学費は次の通りである。

高等科一学年、二学年	二十ドル
高等科三学年、四学年	十五ドル
本科	十ドル～十五ドル
初等科	七ドル五十セント
器楽	二十ドル
ピアノ使用料（一学期十週間ごとに）	三ドル
フランス語及びドイツ語	別料金

なお遠隔地から来た生徒に対しては、学期、週あるいは一日単位で、快適な家庭に下宿を斡旋することが明記されている。

繁子は日本を発って約一年後の一八七二年十一月にアボット家に落ち着いた。彼女は十一歳になっていた。寄宿先が学舎であったことは、何につけても好都合だったことであろう。当時生徒は高等科だけでも二十三名を数え、地域別では、地元のフェアヘヴンが六名、イーストヘヴンが五名、ノースヘヴンが三名、ニューヘヴンが七名、ニューヨークから一名、そしてエド・ニッポンが一名（もちろん繁子）となっているので、瓜生外吉が十名くらいといっているのは、おそらく一クラスの人数のことだろう。

次に学習内容だが、前記の初等科と本科の合計三カ年で基礎的な読み書きを学習した後、高等科で一年目は初等代数、生理学、植物学、古代史、二年目では高等代数、博物学、自然地理、三年目となると哲学（唯心論）、修辞学、物理、幾何、作文、最終学年では倫理学、英文学、化学を学ぶ。その他四年間を通して学習する学課はラテン語、フランス語、ドイツ語であるが、それらのうちで選択課目となっているのは植物学、幾何、化学、語学であった。またとくに声楽（Vocal Music）については「ヴァラエティーのある楽曲を与え、教室の枠を越えた魅力を身につけるよう指導しています」と但し書きが付いている。繁子の一八七五年五月の日記に、ピアノを弾いて歌の練習をしたという記述があるので、彼女がミス・ハッベルに声楽を習ったことは間違いない。

繁子とエレン・アボットの甥のウイリス

当時のこれらの小規模校の教育は、とく

に代数、古典および近代語、歴史といった課目に重点が置かれ、その教育内容は、今日のマンモス化した都心部のハイスクールよりもはるかにましであったという（サミュエル・エリオット・モリソン著、西川正身監訳『アメリカの歴史』）。

繁子はアボット・スクールの教師陣の注意深い指導のもとで、砂が水を吸い込むような学習の日々を過ごしたことであろう。彼女はヴァッサー・カレッジの入学試験を受けた時に、四課目すべてにアメリカ人学生よりも高い得点を得ているが、そのことが同スクールでのバランスの取れた教育の成果を窺わせるのである。

前記の学校案内によると、繁子の母親代わりでもあったエレン校長は、学年初めには父母会を開いて教育効果を挙げていくために、親たちに次のように協力を呼びかけている。

（一）きちんと出席させることについて

どんなに豊かな教育的便宜も、最良の教師も、生徒が精神の発達と訓練のために設けられたさまざまな課目に、決まった時間にきちんと出席しなければ、良き教育効果を上げることはできません。欠席しない生徒も確かにおりますが、その一方では両親に休みなさいといわれて、しばしば欠席する生徒がおります。

（二）きちんと予習すること

生徒たちは、しばしば両親からきちんと予習しなくても大目に見られています。たった一日の欠席でも、たった一回の夕べのパーティーでも教育の進捗を大きく阻害します。なぜならば、次の日には生徒たちは十中八九授業を受ける気になれず、準備もできていないからです。前回の暗誦に欠席したとしたら、彼または彼女は次の課題がわからなくなります。そうした状態は時として何週間も続きます。一度受け損なった授業を取り返すことはできません。

（三）学年初めから終わりまで、とぎれないように勉強を続けること

学年は九月に始まり、六月に終わります。この期間が教育という大事業を進捗させるために長すぎるということは絶対にありません。学年初めに半学期欠席し、学年末に半学期欠席するような生徒は、一生欠陥教育のつけを引きずっていくことになります。

以上はエレン校長の悲鳴のようでもある。親の都合でしばしば欠席させたり、ひどいのは一学期中まるまる休ませてしまう親もあったらしい。当時はまだ親たちの教育に対する認識度が、アメリカの中でも教育熱心と言われているこの地域でさえも、かくのごとしだったということがわかって、興味深い。

それにしてもエレン校長は、女子留学生の世話役であった当時の駐米公使森有礼が見込んだだけあって、信念を持った立派な女性のようである。繁子は「私の第二の母であり、先生であった」この女性を「ネリーおばさん」と呼んで慕った。ちなみに「ネリー」は「エレン」の愛称である。このような教育者の家庭に寄宿した繁子は、たまには授業を休みたくても、エレン校長が嘆く他の生徒のようにはいかず、多少窮屈な思いもしたかもしれないが、アボット家の親身な愛情に包まれた日々であった。

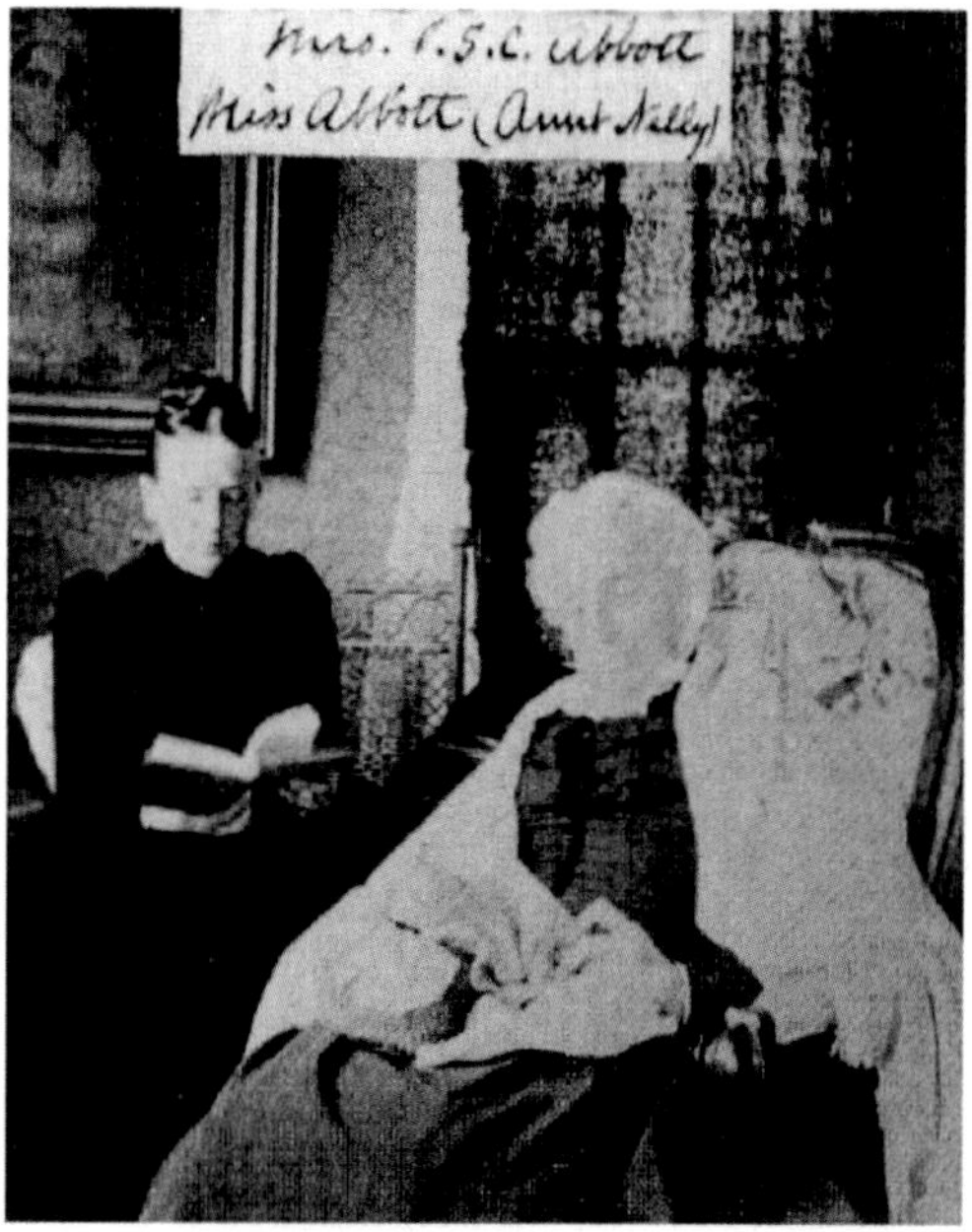

ミス・エレンとアボット夫人

ニューイングランド地方

繁子は母親代わりの人が教育者でもあるという、恵まれた環境で少女期を過ごすわけであるが、では彼女が暮らしたニューイングランドとはどこを指し、どのような土地柄であろうか。

ニューイングランドはアメリカ合衆国の北東部にひろがる、この国で最も早くからヨーロッパの移民が進出した地方の一つであり、マサチューセッツ、メイン、ニューハンプシャー、コネティカット、ヴァーモント、ロードアイランドの六つの州をいう。歴史的には一六二〇年にメイフラワー号がたどり着いたプリマス、その八年後に移住してきたピューリタンたちが落ち着いたボストンやセーラムなどが中心となった地方である。彼らは苦労の末、プリマス植民地を建設し、続いてマサチューセッツ湾植民地が建設された。そして宗教上の指導者による政治が行われた。これに反対する人々は追放され、ロードアイランドやコネティカットに逃れたが、彼らが神政政治を強化しようと建設したのが、ニューヘヴン植民地である。

このピューリタンたちは公私の生活全般に亘って、はなはだしく厳格で非寛容な信仰を守った。けれども一方では、彼らが今日のアメリカの基を創った功績は大きいといわなければならない。それは彼らの自治の精神であり、知的向上心であり、教会を中心としたコミュニティーへの積極的な奉仕活動であり、地域が責任を持って子どもの教育に当たろうとしたことである。教育についていえば、最初の公立学校は一六三五年にボストンに設立され、その翌年にはハーヴァード大学が創立された。また一七〇一年には組合派牧師によって、ニューヘヴンにエール大学が創立された。繁子の寄宿先は同大学とは極めて近かった。

またこの地方は十九世紀中頃のニューイングランド・ルネッサンスの舞台でもあった。エマーソン、ソローなどのマサチューセッツ出身者と、ロングフェロー、ホーソン、オールコットなど、メイン州やコネティカット州で幼少期を送った人々が、ボストンやケンブリッジ近郊に移住していた。ニューヘヴンには『アンクル・トムの小屋』の著者ハリエット・ストー夫人も少女時代を過ごした。この時期の繁子の生活は一八七四~七五年にかけて彼女が書き残した日記帳が生き生きと語ってくれる。

旅日記〜ニューマールボローへ

エレン校長は彼女に社会見学の機会を与えようと、周到な旅行計画を立てている。それはまず自分たちが暮らしているニューイングランド地方を旅することから始まった。この地方の精神的風土が繁子の内面に強力な影響を及ぼしたことは、兄の孝も『紀念記』の中で述べている。繁子は一八七四年七月一日にマサチューセッツ州の南西部のコネティカット州との州境に近いニューマールボローを訪れ、コネティカット州の教育長ノースロップ（B. G. Northrop, 1817-98）の自宅に泊めてもらった。

このノースロップは日本とは縁が深い。彼は岩倉使節団がボストン入りをした際の歓迎委員の一人で、これまでに製作された中で最も優雅で立派な装丁の『ウェブスター大辞典』を岩倉に贈った。彼はエール大学と同神学校を卒業し、札幌農学校にあの「青年よ大志を抱け」のクラークを紹介した人物であり、繁子をも含めて日本人留学生の面倒をよく見てくれた。同年彼は繁子と山川捨松を連れて、ワシントン郊外ジョージタウンの津田梅子の寄宿先のランマン宅を訪問している。

翌朝彼女はノースロップ夫人と馬車でプラット夫人宅へ行く。彼女の家にはたくさんのバラが咲いていた。同家の家族は、母親と二人の娘さんと一人の息子さんで、娘の一人がバラを摘んできて繁子にくれた。一行はノースロップ家を辞し、汽車に乗った。ホウサトニック（Hausatonic）川がすぐそばを流れていた。

川を渡るとワシントン山が見えた。とても快適な旅で、彼女は「まったく頭痛がしなかった」と述べている。馬車に揺られての遠出では、疲労で頭痛がするようなことがままあったのだろう。

七月二日、繁子の一行はホウサトニック川上流の、マサチューセッツ州バーリントンを訪れた。一行は同地のストーン夫人宅に泊まった。夫人は繁子を教室に案内し、「私たちはそこで礼拝を行った」。日記の内容から見て、このストーン夫人も学校を経営していることがわかる。十三歳の彼女は夫人の印象を「背が高く、優雅で、大変美しい女性」と記し、彼女自身が「女の子」から脱して、いわゆるお年頃の娘の年代にさしかかっていることを思わせる。

ストーン夫人も周辺を馬車で案内してくれた。一行は鞭とチーズの製造工場を見学した。午後六時、繁子はバーリントンを出発し、十マイル（約十六キロ）も馬車に乗り続ける途中で、男たちが牛のミルクをしぼる作業をしているのを見かけた。このような労働に従事する人々

繁子のニューイングランド
本文に現れる地名と当時の主要な鉄道路線のみを示した

との出合いは、繁子の世間を見る視野を拡げたことであろう。一行はグレート・バーリントン・ホテルに一泊した。

七月三日、この日の行程はかなり小刻みで、彼女は「今朝は五時半に起床して、六時半にホテルを出発した。七時にカナーンへ行く。それから〔北へ向かい〕ストックブリッジでジェネラル・アームストロングという人物と一緒に馬車を走らせた」と述べている。彼は繁子を自宅に招き、ジルド夫人に紹介した。繁子は「この人は南北戦争の時、北軍の将軍の一人だった」と記している。一行は十時にはカナーンに戻り、それからソールズベリーに行き、ここでノースロップと落ち合った。そして彼とともに汽車に乗り、いよいよ帰路に向かう。ブリッジポートに到着したのは九時半であった。食事を済ませ、十時半に汽車で出発し、ニューヘヴンには十一時半に着いた。彼女は「ノースロップ夫人が私たちを待っていてくれた。くたくたに疲れていたので、ぐっすり眠った」と記している。

それにしても当時の人たちはタフだなあと、つくづく思う。ざっと十七時間の行程を乗り継ぎながら、次々と人を訪問しているのである。北軍の将軍だった人から南北戦争のことをじかに聞き、ミス・アボットにもこの内戦で戦死した兄のことが、生々しく思い出されたであろう。一八六五年まで四年間続いた戦いは、ついこの間のことであったからだ。

旅日記〜ボストンへ

一八七四年七月一日に始まった学校の夏休みを利用しての旅は同月三日に終わり、フェアヘヴンに戻った繁子とミス・アボットは、その二週間後のボストン行きの準備に忙しかった。

七月十六日午前十時十五分、繁子とミス・アボットは駅に向かった。そしてボストンに向けて出発し、スプリングフィールドで二十分ほど停車し、五時にボストンに着いた。アボットの甥のウィリスが駅に迎えに来てくれた。馬車でスミス夫人の家に行く。

「スミス宅は五階建てで、最初に一階の客間に通された。客間はホテルのように素敵だった」と、繁子は驚いている。繁子たちの部屋は四階で、これがまた「とても広かった」。夕食後は「ネリーおばさんとスミス夫人がお喋りをしているので」、ウィリスと繁子はチェストナット・パークに行った。公園にはきれいな花が咲いていた。二人は一時間ほどぶらぶらして家にもどり、繁子は八時半に寝た。

このあたりはチェストナット・ストリートといい、宏壮な住宅が建ち並んでおり、住人の多くが名士であった。繁子も五階建ての家に泊まり、その広さにびっくりしている。

七月十七日、この日は組合教会派の会館にエドワード・アボットに会いに行く。それから階下に下り、ミユーゼアム（ボストン美術館か）に行った。「私たちはそこでたくさんの日本の展示品をみた」と感慨深げだ。そのあと州議会議事堂を見学し、午後にはボートを漕ぎにパブリック・ガーデンに行く。「私はボートの漕ぎ方を知らなかったので、ネリーおばさんとウィリスに任せた。半時間ほどガーデンを漕ぎまわった。そして明日はナンタケット島へ行くので、八時に寝た」として、明日の海水浴を楽しみにしているのが言外にわかる。

七月十八日、繁子は早く起きて島へ行くつもりだったが、「でもネリーおばさんは私をそうさせようとはしなかった。私をゆっくり休ませたかったのだ」と記す。お互いにいたわり合える、本当の母子のようなムードを感じる。そして「ナンタケット島はマサチューセッツ州にある小島である。たくさんの人々が夏に海水浴をする」と記す。このナンタケット島は、アメリカの捕鯨業が生まれたところである。ウィリスと繁子の二人は船で島に渡り、浜で水着姿で遊び、とてもおいしい昼食を食べた。「私は素晴らしい時を過ごした」と、夏休みの開放感でいっぱいの様子である。

七月十九日（日）「私は八時に目が覚め、八時半に朝食を食べた。スミス夫人は監督派教会のいちばん偉い人だった」。朝食後、繁子は夫人の所属する教会へ行った。「私たちの教会とはずいぶん違う」と記す。繁子のいるアボット家の当主は組合派の牧師であったから、彼女も組合派教会へ通っていたので、このような感想になったと思われる。

監督派教会は日本では聖公会と称し、英国国教会の系統であり、組合派教会はピルグリム・ファーザーズの流れを汲む、伝統的なニューイングランドのキリスト教である。

七月二十日、エレンは繁子をアボット家の長女サルシア（つまりエレンの伯母）が住むケンブリッジに連れていった。彼女は「朝食後、ウィリスと私はケンブリッジに行って、サルシアおばさんに会った。彼女は七十二歳の老婦人であった。彼女は［ネリーおばさん、つまりエレンの］お父さんの長姉であった。彼女はとても愉快な老婦人であった。ケンブリッジはチャールズ川でボストンと区切られている。そこはハーヴァード大学の所在地である。それは世界でも最大のカレッジの一つである。それから私たちはロングフェローの家を見た。また一七七五年にワシントン将軍がその下で最初にアメリカ軍の指揮をとったという大きな木を見た。彼は合衆国初代大統領である」と記している。

一行はまた近くのハーヴァード・スクエアの北にあるブラットル・ストリートを歩いた。道の両側には古い宏壮な邸宅が建ち並び、その一軒に詩人のロングフェローが家族とともに住んでいた。多くの作家が彼を訪れたという。エレンは敬愛する自国の国民詩人である彼の家を繁子に見せたかったのだろう。のちに繁子は実際にこの詩人と会っている。

またこの家には、一七七五年七月から七六年四月までジョージ・ワシントンと彼の連隊が駐屯していたことがあり、独立戦争を記念する名所ともなっている。

繁子は百年前のアメリカの建国の歴史に関わる現場をしっかりと見たことになる。まさに生きた合衆国史の勉強である。

七月二十三日、ニューハンプシャー州プリマスにて。この日はラッド夫人宅の玄関に四頭立ての馬車が待っていて、十三、四人の人々と一緒に乗った。そして海抜三千フィート（約九百メートル）のプロスペクトル山に登った。ホワイト山脈の最高峰である五十マイル（約八十キロ）先のワシントン山が望まれた。「山の上から断崖ごしに四百フィート（約百二十メートル）下を見ると、えさを食べている牛が小さい山羊のように見えた。そこに日没までいて、それから馬車で家に戻った。途中リヴァーモア滝を見た。それは五十フィートの高さだった」

日付けのない日記〜キイチゴ摘み

それから八月に、「日付けは忘れたけれど」として、この日付け忘れの日記はなかなかおもしろく、ある日の午後エレン、トリー、リリー、レニー、ハリーとつれだってイチゴ摘みのハイキングを楽しんだ様が具体的に描写されている。

彼女は「二つの丘に登り、とても古い教会に来た。およそ七十五年前の建物だそうだ」と記す。この建物は第三バプティスト教会（浸礼教会＝幼児の洗礼に反対し、壮年が信仰の決心をして受ける浸礼を重視するもの）として、一八〇四年に建てられたチャールズ・ストリート教会で、チャールズ川に近く、浸礼に便利だから、その地に建てられたのである。

チャールズ川に沿ってぐんぐん歩いて行き、一休みというところで、「トリーが樺の樹皮をとり、ネリーおばさんがそれで作ってくれたコップで水を飲んだ。水はおいしかった」。また「ハリーは少し疲れていた。キイチゴを三つの籠がいっぱいになるまで摘んだので、ハリーがトリーの籠を担いだが、家に戻るまでに二度つまずいた。そのため彼のキイチゴは、家に着いた時にはほとんどこぼれてしまっていた。家に着く前に夕立が来たので、私たちは家まで走った」とあり、キイチゴがこぼれてしまった描写が何か童話のひとこまのようで、当時のニューイングランドの牧歌的な風景ととけ合っている。

こうして一八七四年の日記は終わっている。この日記から、繁子は実に多くの見聞をし、また休暇を楽しみ、なんとも羨ましいような少女時代を送っていることがわかる。この時代（日本では明治七年）に、日本の同じ年頃の娘たちがこんなにあちこち旅行するなど到底考えられない。現代の娘たちの行動と勘違いしてしまいそうだ。

キリスト教との出会い

繁子が七年間を過ごしたフェアヘヴンは、ニューイングランドのコネティカット州に属する。この地方はメイフラワー号でイングランド国教会を離脱してきた人々によって、戒律の厳しい、非寛容なキリスト教の信仰が持ち込まれた土地柄であったが、その一方で住民は教会をコミュニティーの要として、さまざまな慈善活動を行っていた。繁子の日記には、日曜日には必ず教会へ通う様子が記されている。彼女が少女期のみずみずしい感受性で神に傾斜していったことは、次に紹介する日記の一文からも容易に窺い知ることができる。

一八七五年五月十六日フェアヘヴンにて。私はイスラエルの神と神の子イエスと聖霊の三位一体を信じます。私が初めてアメリカに参りました時、私はなんにも知らず、キリスト教を信じようとはしませんでした。私の母は偶像崇拝者でしたので、私も偶像に手を合わせました。母が私に望んだことは正しいことだと思って従いました。けれどもフェアヘヴンのアボット家に寄寓するようになって、ミス・アボットが私に聖書について教え、祈るようにと私を導いてくださいました。徐々に私は祈り、キリスト教を理解するようになりました。

私は今、それを理解することができましたので、私はイエスが私たちのために死に給うたということを信じます。私たちは全身全霊で自分の生涯をイエスに捧げ、愛さねばと思います。私はそのように行い、他人にも親切にしようと努めます。もし私の上に何か困ったことが起きた時は、私はイエスにおすがりするでしょう。イエスはきっとすべてを解決してくれるでしょう。新約聖書の一節は、磔になる前のイエスについて述べています。イエスは「父よ、もし私がこの杯を飲まなければ、その杯が私のところから去らないというのであれば、みこころのままになさってください」(Father, if this cup may not pass away from me, except I drink it, thy will be done.) と述べています［彼女は「マタイ伝福音書」第二六章三九などに基づいている］。これらの言葉はイエスにとって大変な試練だと思うのです。

私はこれらのたくさんの聖書の言葉のことを考えます。何か私の上に困ることが起きた時、イエスが私よりももっと苦しんだことを思い、私は「みこころのままになさってください (Thy will be done) と、自分自身に言いきかせます。けれどもそれはとても難しいことです。これが私の信仰です。

この日は日曜日であった。繁子は午前中は教会に行き、午後は教会の日曜学校へ行き、夕食後はピアノと歌の練習をしたのち、アボットに右の文章を見せ、褒められたことが日記に記されている。

まだ渡米後四年足らずの少女が、信仰という心の問題を実にしっかりと把握し、それを表現する英語力を身につけたことに驚かされる。繁子の孫に当たる瓜生武夫氏は、このアボット家でのキリスト教との出合いが「終生、彼女の人生の考え方のベースになったと思います」と言っておられる。

スペリング・マッチ（綴り字競争）

さて日記の一八七五年五月十七日の項には、ピットマン家のヘレンとレイラと一緒に、教会対抗のスペリング・マッチ（Spelling Match）を見物にいった記事がある。これは、英語の単語の綴りをどれだけ正確に暗記しているかを競う試合である。

この試合は第一教会と第二教会の対抗で、繁子の友人も試合に出る。繁子は試合の経過を詳しく記す。「第一教会と第二教会の各々二十五名がスペリングをする。私の教会の側は全員が来ていたが、第一教会のほうはごくわずかしか来ていなかった」。どうやら繁子は第二教会所属のようである。そして第一教会のほうはほとんど既婚の人々たちだったが、第二教会のほうは、既婚の人はダドレイ夫人だけで、あとは繁子のクラスメイトの名前が書かれているから、彼女の側には若い人が多かったのだろう。

長いスペリング・マッチの後で、第一教会のピットマン夫人がCatastrophe（大災害・破局）のスペルを間違えた。そうして最後にそれぞれ女性が一人ずつ残った。そしてついに第二教会側のミス・ポーターが間違えた。彼女は「第一教会が一等賞の絹の傘を手に入れ、二等［賞］はディケンズの全集で、ミス・ポーターがもらった。第一教会の最初の紳士は最初の単語を間違えただけだったので、賞品のアルファベット・ボックスを手に入れた」と、試合の経過をいきいきと記している。

ちなみに賞品の『ディケンズ全集』だが、川澄英男氏によれば、当時アメリカでのディケンズ人気は大変なもので、「週に三度しか駅馬車の通わないオハイオ州の森の奥の一軒家の住人ですら、ディケンズの作品を読んでいた」(前出『ディケンズとアメリカ』)ということであるから、繁子の滞米中の読書のリストにも、ディケンズの作品が必ずや入っていたに違いない。

その後帰宅して、彼女は夜十二時頃ベッドに入ったけれど、長い時間あのスペリング・マッチの興奮が冷めやらず、眠れなかった。

翌五月十八日は、前日のスペリング・マッチを見物したり、出場したりで疲れたらしく、イーヴや、ロッティは遅くなってから学校に来たけれど、キャリーは来なかった、とクラスメイトのことを記す。エレン校長はどんな顔をしただろうか。午後、ミス・アボットと繁子はピットマン家に行ったが、娘たちは不在だった。

捨松との日々

五月十九日、この日ミス・アボットが、一八七四年九月に着任した、当時の駐米公使吉田清成夫妻の赤児が死亡したという悲しい知らせを聞かせてくれた。繁子は次のように書いて、人間の「死」というものをすっかりキリスト教的にとらえている。

吉田夫妻にとって子どもを失ったことは大きな試練だったに違いないと思う。けれども私たちの天上の神は、私たちの誰よりもよく〔その悲しみを〕ご存知の上で彼らからその子どもを召されたのだ…』(Mr. And Mrs. Yoshida to lose their child, but our Heavenly Father knows a great deal more than any of us and He took the child away from them.)

午後「ステマツが来て、私はとても嬉しかった」と記す。そして

いつも彼女は優しく、寛大で親切なので、私はステマツが彼女の人生をいずれイエスにゆだねるだろうことを期待している』(Every time I see her I think that she is so gentle, generous and so kind, that I hope she will soon give her life to Him.)

と記す。また「彼女は以前と同様、主［イエス］に関する私の話を大して気にかけてはいない。それでも彼女が訪ねてくれたことは、とても嬉しい」と、繁子のキリスト教の信仰が相当なものであることが察せられる記述がある。アボット家と山川捨松の住むベーコン家とは近いので、二人は足繁く往来していた。

そうした捨松との日々を繁子がワシントンに住む津田梅子宛てに出したこんな可愛らしい手紙がある。

先週の金曜日の午後、ステマツが来てくれました。昨日の午後まで彼女はいるはずだったけれど、ネリーおばさんが病気で寝込んで、お医者に安静にしているように言われたの。でもステマツは五時ごろまでいて、二人で日本の話をいっぱいして、リョー［吉益亮］から聞いた話も全部思い出そうとしたものです。…まわりの人がお喋りしているので、この手紙間違いだらけですが、書き直す気になれないので、ご免なさい。

吉益亮は繁子らの姉さん格として、ワシントンで共同生活をしていた時、年下の三人にお伽話やその他いろいろな話をしてあげたのだろう。

五月二十日、この日の日記は短い。

私は、午前五時十三分に起きた。とても爽やかな朝なので日記に書き留めておこう。今朝は素晴らしい天気。昨日降った雨で、草木の緑がひどく鮮やかだ。まだ、みんな眠っている――（May 20. I got up at 13 minuts after five and had a nice time writing my journal. It is beautiful cool a weather this morning and the grass looks so green and fresh by the rain yesterday. All are sleep.〈原文のまま〉）

たったノートに六行ほどの文章だが、少女期のみずみずしい感受性の一端がのぞかれる。

その後、繁子は五月二十三日付けで赤児を亡くした吉田清成夫人に優しいお悔やみの手紙を送った。ところで、この日記は五月二十一日から六月三十日までが空白になっている。六月はまったく書かれていない。何か忙しいことがあり、書く気も時間もなかったのだろうか。しかし一方では六月十七日、十八日、二十日と続けて吉田清成公使と音信を交わしている（『吉田清成関係文書四　書翰篇』）。

この頃、ミス・アボットに何か心配事でもあったらしい。吉田公使へ「ネリーおばさんは、そんな様子を私には見せないけれど、彼女が悩みを抱えているのが私には感じられるのです」と切々とした文面で書き送っているのである。その「悩み」が何であるかはわからなかったが、遠く離れた東洋の国の一少女を、肉親も及ばぬほど大切に育ててくれているミス・アボットに報いたいという、繁子の一途さに、私はほろりとさせられた。

繁子が日本へ帰国の際、はたの者がもらい泣きしてしまうほどに、エレン・アボットとの別れを惜しんだというのがうなずける。

旅日記〜ロングフェローと会う

一八七五年七月一日、繁子はオリヴァーおじさんとネリーおばさん（ミス・アボット）、それにピットマン家の娘のヘレン、レイラ、ゴーハムおじさんとフェアヘヴン駅へ向かう。このピットマン家の娘たちと繁子は実によく交流していることが、日記の記述から窺われる。さらにピットマン家には後に繁子の夫となる瓜生外吉も寄宿することになるのだが、彼は一八七五（明治八）年六月に留学の命令が下るので、まだこの日記には登場してこない。

さて繁子一行を見送りに来てくれた仲良しのヘレンとレイラとは駅で別れ、汽車でニューヘヴンへ向かった。ゴーハムおじさんとはここで別れた。

私たちはヘレンやレイラとキスをして、さよならのハンカチーフを振った。私はできるだけ彼女たちを見ていたかったので、窓から身を乗り出した途端、風が吹いてきて、石炭の燃えかすが目に入った。とても痛かった。

灰白色の煙を吐き出しつつ走る、蒸気機関車時代の旅の情景が目に浮かぶ。

繁子はこの時、ミス・アボットとアボット家が以前住んでいたメイン州ブランズウィックを訪れるのである。途中ポーツマス市、ポートランド市を通過して、七月二日の六時に同市に到着する。

途中ネリーおばさんが生まれた家とお父さん［アボット］が説教をしていた教会を見た。

その日、知人のワッグ夫人の家に泊まり、翌日は日曜日だったので、何はともあれ、朝八時に起床して、新しい絹のドレスを着てさっぱりした繁子は、ネリーおばさんが洗礼を受けた教会へ祈りに行った。午後はアボット家の旧知の人たちと会い、その後は「少年朗読コンテスト」や音楽会などにも行き、精力的に日々を過ごす。

しかし日記を読んでいくうちに、この旅行の真の目的は、アボットが卒業したボードウィン・カレッジの卒業式で彼が説教をすることと、その行事に国民的詩人ロングフェローが招かれ、詩の朗読をすることになっているのを聴くためであることがわかってくる。

七月七日水曜日がその卒業式の当日であった。午後からボードウィン・カレッジの卒業生が教会に続々と入場してきた。楽団も演奏を始めた。ロングフェローが姿を現わすと、全員が彼に拍手を送った。生徒

全員が席につくことができなかったので、ある者は立ったままで、最初にお父さん［アボット］がお祈りをして、それから大詩人が自作の詩を朗読した。私はいい席ではなかったので、彼の声は聞こえなかったけれど、詩人の顔を見ることはできた。

あとで繁子はロングフェローからサインをもらった。このボードウィン・カレッジの卒業行事は三日間ほど続き、お父さんが自分のクラスのことを話すのを聞きにいった。彼の話を聞くのは大変楽しかった。そして卒業祝賀発表会での卒業生のスピーチは大変楽しく、有意義であったと述べている。

七月九日、旅の最終日の夜は、チャンドラー氏宅のパーティーでダイク氏とダンスを楽しみ、さらに「クリーヴランド先生とも踊った」。その時ダイク氏の姉妹ミニーにも紹介された。こうしてさまざまな人たちと知り合い、歓談の時を持つ。ものおじしない社交性というものはこのようにして身に付けていくのかと、彼女の日記に登場する人名の多いのに圧倒される。彼女の記述は自然で客観的だが、時々軽い皮肉を交えて楽しい。

私はパーティーで手袋をなくしてしまった。フレディはその晩に家に帰ることになっているので、私はさようならを言った。そうしたら彼はたぶんエール大学に来る［入学］ことになるので、もしそうなったら来年の五月に私たちに会いにくると言うのだ。ずいぶん先の話だ。

繁子の住むフェアヘヴンからエール大学は近いので、以後も日記が書き続けられていたならば、フレディとの再会や、未来の夫瓜生外吉の印象なども書かれていたに違いないのが残念である。

またこの日記は旅日記として、ミス・アボットが教育の一環として書かせた可能性が強い。人名、地名、行程をかなり意識して記録しているからである。

アメリカの日本人留学生

さて永井繁子がフェアヘヴンのアボット家で勉強に励んでいる期間は七年間（一八七二～一八七八）であるが、その間に繁子ら女子留学生と他の日本人留学生との間に交流はあったのだろうか。

石附実著『近代日本の海外留学史』によると、一八六八（明治元）年より一八七四（明治七）年の留学生数は、五百八十六名を数え、留学先はアメリカが最も多く、二百二十三名で、そのあとイギリス、ドイツ、フランスと続く。しかしこの時期の留学生は玉石混淆だったので、学業成績のあがらぬ留学生を整理帰国させる動きはすでにあり、それは岩倉使節団の任務の一つでもあった。政府は一八七三（明治六）年十一月六日に官費留学生総引き揚げを決定する。もっとも女子留学生と陸海軍関係の留学生らは対象外とされた。

明治政府はこうして一八七四（明治七）年に新しく留学生制度を定めて、優れた学生を組織的に選抜し、官費貸費留学生については留学生監督というものを置いて、彼らの管理・指導に当たらせることにした。アメリカ組は目賀田種太郎が監督となり、一八七五（明治八）年七月十日付けで第一次留学生として三浦（鳩山）和夫、小村寿太郎、菊池武夫、斉藤修一郎、松井直吉、長谷川芳之助、南部球吾、平井晴次郎、伊沢修二、高嶺秀夫、神津専三郎の十一名を率いて渡米する。彼らは選り抜かれた人材だった。

右のうち、三浦和夫はニューヨーク市のコロンビア大学（一八七七〈明治十〉年六月卒業）を経てエール大学に移り、小村はハーヴァード大学を選んだ。また伊沢、高嶺、神津の三人はそれぞれ師範学校に入学し、やがて繁子の上司や同僚となるのである。

私の手元に繁子が在米中に大切に持っていた" Autograph Book" と金色で書かれたサイン帖がある。それには三浦和夫（一八七七年十月十四日）と菊池武夫（一八七七年八月三十一日）のサインがあり、津田純一（一八七五年六月十二日。一八七一〈明治四〉年藩主奥平昌邁に同行して留学、当時エール大学の法科に在席）や留学生監督の目賀田種太郎のサインも見られる。

たとえば三浦（鳩山）和夫は、ちょうどコロンビア大学を卒業して、ニューヘヴンのエール大学法科大学院に入学したのが一八七七年九月のことであるか

アナポリス海軍兵学校で学んだ留学生。前列右から瓜生外吉、一人おいて世良田亮（のち少将の時病没）うしろ井上良智（薩摩藩士、のち中将）

ら、近くに住んでいる繁子（十六歳）や山川捨松も知らせを聞いて、若い留学生同士の懐かしさから、会って歓談の時を持ったのだろう。しかも三浦（鳩山）は、繁子と同じアボット家に下宿することになった。

彼の日記には、アボット夫人や娘のエレン——繁子が「ネリーおばさん」と呼んでいた——が彼のよき理解者で、彼の父博房が強盗に襲われ、一八七七（明治十）年四月二十六日に死亡したのを悼んで、勉学意欲を失いかけた彼を励まして立ち直らせてくれた、と感謝している（鳩山春子『鳩山の一生（伝記・鳩山和夫）』）。ちなみに三浦和夫とは、民主党の鳩山由紀夫の曾祖父のことである。

海軍士官・瓜生外吉との恋

繁子はフェアヘヴンのアボット家に寄宿していた時期、右のような男性の留学生との交流もあったが、なんといってもここに取り上げるべきは、後に彼女の夫となるアナポリス海軍兵学校に留学中の瓜生外吉との出合いである。今でこそ外国留学中に知り合い、結婚する例は珍しくもないが、当時まだ数少ない日本人留学生同士の二人の出合いは、互いにこの人以外にはいないだろうという運命的なものを感じさせる。

繁子のサイン帖に、一八七六年九月十一日付の瓜生外吉の英語で書かれたサインがある。繁子十五歳、外吉十九歳の時ということになる。

The fear of the Lord is the beginning of wisdom: and the Knowledge of the holy is understanding.

Most truly yours

fair Haven Conn.

S. Uriu

Sept. 11 the 1876

（主を畏れることは智慧の始まりです。聖なるものを知ることは、［理解の］始まりです。

真に貴女の友人たる瓜生外吉
コネティカット州フェアヘヴンにて、一八七六年九月十一日）

この頃は二人ともまだ互いが、将来の伴侶になるとは夢にも思わない時期だったであろう。なにしろ外吉のほうは一年前に当地へ来たばかりで、アナポリス海軍兵学校に入学するために、英語力に磨きをかけている最中である。入学後も休暇中の外吉の帰省先はニューヘヴンにあるピットマン家で、同家は繁子の寄宿先のアボット家とは知り合いだった。

ではここで瓜生外吉の生い立ちと留学の経緯を述べておこう。瓜生外吉は加賀前田藩の支藩である大聖寺藩士瓜生吟弥の次男として、一八五七（安政四）年一月二日に生まれた。小藩の武士の次男以下はたいがい養子に行くゆえ、いったんは養子にやられたが、幼い頃よりきかん気の腕白で、一日中家にはいなかった。養家では実名を呼ばず、「ソトキチ！」で通していたという。まもなく外吉少年は活発すぎて養家に持て余され、実家に戻されて、再び瓜生姓を称したが、その時に外吉というあだ名を逆に実名としたのだそうだ（実名はなんだか難しくて知る人はいない？）。

この才気煥発の少年は、一八六九（明治二）年十二歳で選抜されて、金沢の藩校致遠館に入塾し、次いで七尾にある藩の語学所で、イギリス人のお雇い教師オズボーンから、高峰譲吉（タカジアスターゼの発明者、医学）、桜井錠二、平井晴次郎、三宅秀、高山甚太郎といった秀才とともに英語・理化学を学ぶ。また同藩の軍艦操練所の米人教師からは航海・測量・帆前運用の諸術・機関術を学んだ。このため外吉少年は将来の海軍軍人を夢見て、わらじ履きで上京し、築地の海軍兵学寮に入寮した。一八七二（明治五）年九月二日のことであった。

外吉は優等生で、特に英学に優れ、のちにアナポリス在学中にも、アメリカ人の学生よりも英文に強いといわれたほどだった。また謡曲、囲碁、書となんでも上手であった。

留学時代の瓜生外吉

当時兵学寮のあった築地は、政府の要人が往来し、外国人の居留地でもあった。どこからか讃美歌が流れ、我が国初の洋式ホテルが建つなど、東京の文明開化発祥の地といえる。一八七四（明治七）年十月、カロゾロスの率いる東京第一長老教会が居留地内に創設され、原胤昭（十字屋店主）、戸田三郎四郎、田村直臣らとともに、創立メンバーの一人として瓜生外吉の名が連なっている。この人たちを築地バンドという。当時は築地が政治や外交上の中心にある人々の集まる場所であったため、当然バンドのメンバーも政治を無視できず、宗教と国家について考えることになる。具体的には反薩長的な志向を持っていたようだ（太田愛人『開化の築地・民権の銀座』）。

やがて東京の中心が築地から銀座へと移っていき、彼ら築地バンドの間にも、薩長閥政治に反対する自由民権運動に関わる者が多くなる。そんな中で瓜生外吉は進んで国家を守ろうと軍人を志しつつ、キリスト教に傾倒していった異色の存在だったのかもしれない。

前述のように兵学寮そのものが、一歩外に出れば新しい時代の空気を吸える築地に位置していたことが、向学心に燃える多感な少年をキリスト教に入信させることになったのだろう。そして一年後、外吉少年にはアメリカ留学というさらなる飛躍の時が訪れるのであった。

彼は一八七四（明治七）年に兵学寮を卒業し、翌一八七五（明治八）年六月、アナポリス海軍兵学校に入学すべく、世良田亮《たすく》とともに渡米した。

瓜生と世良田の二人はニューヘヴンでアナポリス入学の準備をした。二人は最初同じ家に下宿していたが、のち瓜生だけがピットマン家に移った。ピットマン家には世話好きで親切な夫人とヘレン、エリザベス、レイラの三人姉妹がいた。

このピットマン夫人が外吉に繁子との結婚を勧めた人物であると、繁子の兄益田孝が述べているが、ではどうして知り合ったのだろうか。実は姉妹の一人、ヘレンが、繁子と一緒に机を並べて勉強した同級生だったのだ。

ピットマン夫人はアボット・スクールの生徒の父兄ということになる。繁子の日記でもわかるように、同家の娘と繁子はまるで姉妹のように、気心の知れた家族ぐるみのお付き合いだった。

彼女は当然ピットマン家の一員のような外吉とも顔を合わせ、時には一緒に教会へ行ったり、ダンスに興じたり、楡の木がアーチ状になったニューヘヴンの街を散策したのだろう。

私も一九九六年の初秋に同地を訪れたが、当時の写真と少しも変わらぬ楡の並木道の向こうから、今にも若き日のボンネットを被った初々しい繁子と洋服姿のよく似合う外吉が、手をたずさえて歩いてくるような錯覚を覚えた。

一八七七（明治十）年に、二十歳の瓜生外吉は世良田とと

外吉の下宿先のピットマン家の三姉妹。繁子とも仲良しだった。レイラ、エリザベス、ヘレン

もにアナポリス海軍兵学校の入学試験に首尾よく合格し、念願の入学を果した。その翌年には繁子がヴァッサー・カレッジに入学するために別れ別れとなった。外吉は勇敢にして明朗で社交家、そして熱心なクリスチャンで、やがて兵学校内のキリスト教青年組織ＹＭＣＡの会長に選ばれたほどであった。

十九世紀のアメリカの家庭で

ここで十九世紀後半のアメリカの家庭とはどんなものであったかを考えてみたい。それは一八七三（明治六）年に官費留学生の総引き揚げ命令に際して、女子留学生が対象外とされたことの意味を考えてみるためにも必要であろう。

まず結論から述べてみると、男子留学生は、帰国したら直ちにそれを役立てて欲しいとの期待の中で、寝る間も惜しむように、各人の専門分野を学んだ。しかし国が女子留学生をそう見てはいなかったことは、その年齢の低さからも致し方のないことではある。国には彼女らの学力の如何はほとんど問題にせず、さし当たりアメリカ東部の、文化的にも道徳的にもほどの良き家庭に送り込めたことへの満足感があった。森有礼の強い要望によって、良き家庭に預けられたこと自体が、女子の場合、留学の目的にかなったとの考え方である。

彼女たちが留学する時点では、キリスト教はまだ禁止されており、彼女たちは出発の時「留学生心得」というものを渡されたが、その一条に「外国の大別に加はり候事、並びに宗門相改候儀堅く御禁制の事」という項目があった。しかし一八七三（明治六）年にキリスト教の信仰も解禁となった今、家庭とキリスト教が不可分な関係にある、ニューイングランド地方の敬虔なピューリタンの家庭を彼女たちの寄宿先に選んだことも、信仰深いことは女性の美点（徳）とされた時代にマッチするものであったろう。

ここで改めて日本の学制発布に多大な影響力を持ったアメリカ人教育顧問マレーの女子教育観を眺めてみると、（一）家庭の安楽と幸福は大部分女子にかかっている。それゆえ家庭を洗練された文化的なものにする手段（教育）が必要である。（二）感じやすい年頃の子どもの面倒を見たり、監督したりは当然女子の職分である。（三）未来の成人男女となるべき者の保護者である役割を担う女子は、それゆえ男子と共通の配慮を以て教育さるべきである。として、あくまでも家庭の枠内での女性の自主性を認めるヴィクトリア時代的良妻賢母論を述べている。マレーは少なくとも女性も仕事を持てなどは言っていない。

繁子の寄宿していた家の当主アボットは牧師で著述家であり、奴隷解放や女子教育にも改革志向の強い人ではあったが、やはり母親の役割としての女性を賛美する『賢母論』を著している。この有名な人物のもとで若い人格形成期を過ごした繁子が、生涯ヴィクトリア時代的価値観・道徳観の影響から抜け出すことは難しかったと想像される。山川捨松も津田梅子もまた然りである。それゆえに彼女たちが理想とする女性像が、現今の視点から見る自立的女性とはそのニュアンスはやや異なるのである。当時アメリカでもすでにフェミニズムは台頭していたが、繁子にはまったくその洗礼を受けている形跡がない。帰国した当時、日本では近代教育をするための教師が極端に不足していたので、彼女も国費留学生の使命感から否応なく、教育界に永年身を置くことで、国から受けた借りを返そうとしたのである。

女性は、たとえ高等教育を受けたとしても、まずは良き結婚をして、家庭に入るのを目指すべきだという考え方は、当時のアメリカでも同様であった。ただアメリカ人女性の場合は、明治の日本のように従属的・庇護的な夫婦関係ではなく、対等なパートナーであるべきだという強烈な意識を持っており、そうした意識を持ち帰ったところが、繁子ら女子留学生の精神的な自立の表れであろうか。

第三章　ヴァッサー・カレッジ時代

繁子、ヴァッサー・カレッジ入学

ニューヨークからハドソン川をずっと遡ったところに、ポキプシーというなんの変哲もない町がある。ここに一八六一年に最新の近代的設備を備えた、堂々たる四年制の女子大が創立された。その名称は醸造業で一代の財を築いた創立者マシュウ・ヴァッサー（Mathew Vassar）にちなんで、ヴァッサー・カレッジという。ヴァッサーがこのカレッジを創設した目的は、「若い男性のためにあるエールやハーヴァードのようなカレッジを若い女性のために提供すること」であった（大柴衛『アメリカの女子教育』）。ヴァッサー・カレッジは以後アメリカでも名門の女子大学として存続してきたが、現在では男女共学となっている。

ヴァッサー・カレッジは彼の莫大な寄付金のおかげで豊かな基金に恵まれ、フランス第二帝政様式の本館をはじめとする立派な校舎、殿堂のような図書館とシェイクスピア庭園といった素晴らしい環境が、キャンパスに繰り広げられた。また教授陣にはアメリカの初の女性学士院会員に選ばれた彗星の発見者マリア・ミッチェル（1818-89）をはじめとして、優れた人材を集めた。卒業生も、『足ながおじさん』の著者ジーン・

ウェブスター、女優のメリル・ストリープなど錚々たる顔ぶれが並ぶ。

また同校はハーヴァード大学に次いで、オバーリーン大学とともに、女子大学では最初に音楽科を設けた、音楽教育のパイオニア的存在でもあった。

一八七八年九月、繁子は山川捨松とともにニューヨーク州の名門女子大学ヴァッサー・カレッジを受験して、繁子は音楽科に、捨松は本科（一般教養）に入学を許された。その知らせはさっそくニューヨーク領事の高木三郎から北海道開拓使長官黒田清隆に連絡された。黒田は渡米した女子留学生に細やかな配慮を怠らなかったコネティカット州教育長のノースロップに、十一月二十一日付けで次のような礼状を送っている。

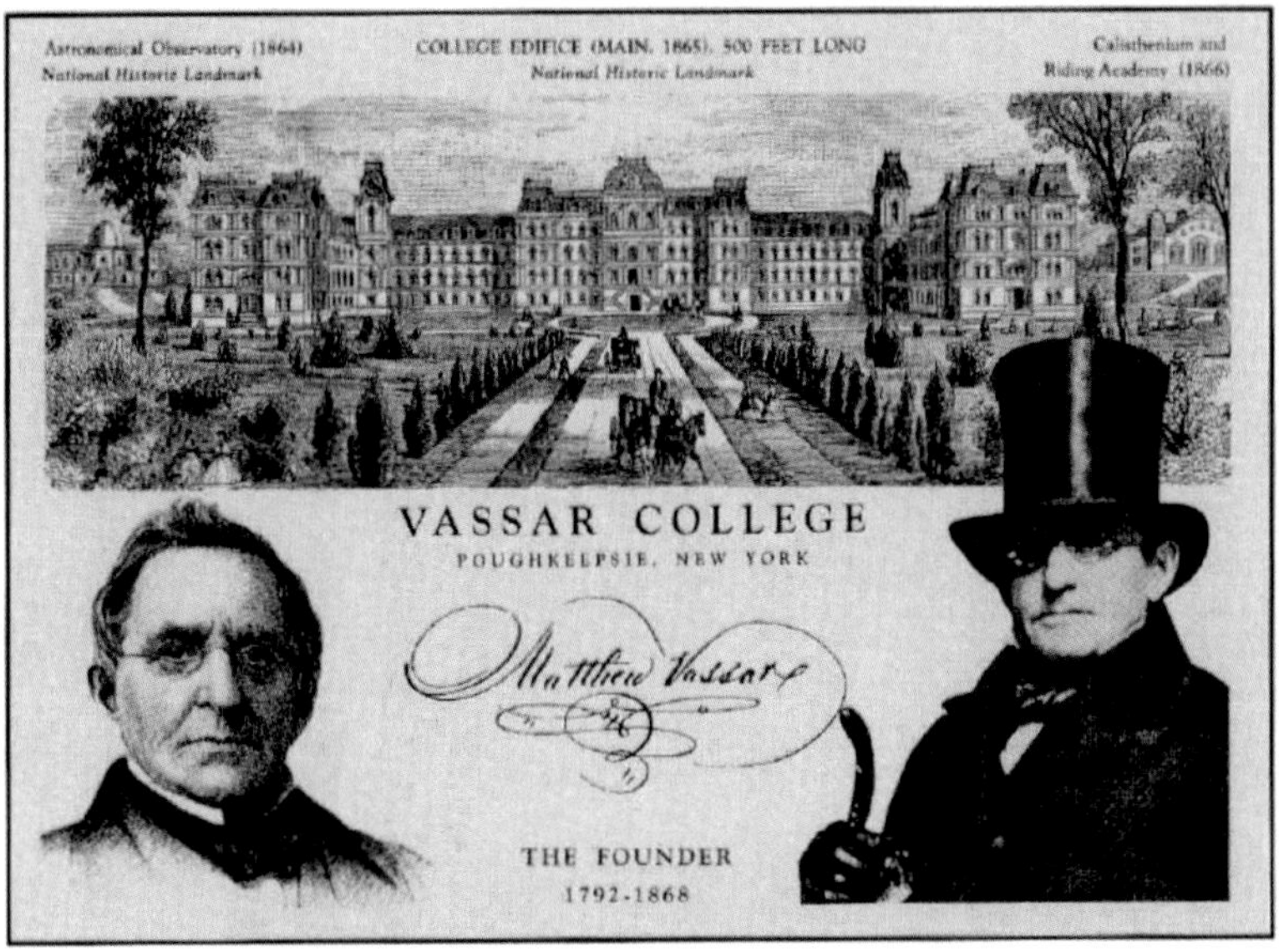

ヴァッサー・カレッジ全景と創立者マシュウ・ヴァッサー

拝啓

私はわれわれの在ニューヨーク領事高木三郎からの連絡によって、われわれの公使森有礼が本開拓使の派遣した女子学生の教育について貴台に要請を行ないましてから後、貴台におかれましては、これらの少女たちに対して終始変わることなき親切さをお示しいただいたことを知りました。おかげをもちまして、山川捨松・永井繁子の両名はポキプシーのヴァッサー・カレッジに入学させていただくことができました。そして［判読不能］は貴台の懇切なるご高配の賜物であります。

貴台のこのご高配に鑑み、上記の件につき、私の衷心からの感謝のささやかなしるしとして、添付の時計を贈呈させていただきたく存じます。貴台におかれましては快くお受けいただけるものと信じております。

尊敬と謝意とともに

日本政府開拓使長官

（署名）黒田清隆

女子留学生の発案者である黒田としては、繁子と捨松をやっと念願の女子の高等教育の場に送り込めたことで、まずはほっとしたことと思う。彼にとっては、まったくの未知数の少女が、はたしてアメリカの大学を受験できるまでの学力を身につけられるかどうかは、ずっと気がかりであったに違いない。このことは森有礼も同様であったと思われる。それは女子留学生の派遣が、男子の留学生の派遣の場合とは異なり、資格を問うこともなく送り込んでしまったという快挙（？）だったからだ。

当時の外務省が、開拓使に宛てた以下のような文書がある。「**今般其御使より女生徒留学生被差遣候趣右は何国へ何学修行として相越候儀に候哉**」（『大日本外交文書　第四巻』）として外務省は女生徒をどの国へどのような学問をさせるために留学させるのか、と問うているのである。ところが詰として、「**本文書に対する開拓使よりの回答見当たらず**」とある。つまり開拓使は、女子留学生の年齢からしても、何を学ばせるかということは当初は考えておらず、成長して自ずと決まるであろうという判断であったようだ。男子が、初めから専門分野を目指したのとは、事情が違っていたのである。

それでは、長じて繁子はなぜ音楽を選んだのか。よく聞かれる、興味深い点である。これにはまず、山川捨松の例がわかりやすい。彼女の兄健次郎が、ちょうど同じ時期にエール大学に留学して物理学を専攻しており、捨松も大学では数学・物理・化学といった、理系の課目を多く取っている。それゆえ兄妹のタイプは理数系だと推測できる。では繁子はどうであろう。繁子は音楽科の専門科目中、和声学などの成績は良かったが、数学などはあまり好きではなかったらしい。兄たちは語学に秀で、また芸能に関することを好んだ。

女子留学生らは、渡米してすぐにピアノを習わされた。そして米国人家庭を訪問すると、よくピアノを弾いてと言われたようだ。「わたしは懸命に弾いて間違わなかったのでほっとした。繁は素晴らしく弾いた」という捨松の回想からも、要するに繁子はピアノを弾くことが好きであり、上手かったのである。

繁子が在学中に目を悪くし、そのために三年制の音楽科を選んだと匂わせる資料もある。目を悪くして周囲を心配させたのは事実だが、眼鏡をかければ済むことで専攻を左右するほどの問題にはなるまい。実際、繁子のポートレートは、留学期の後半から眼鏡をかけて写っている。

もちろん、繁子はアボット家の人たちとも相談したであろうし、捨松もまた、在学中の兄の助言を受けて決めたであろう。いずれにしても、日本政府（開拓使）が、本人の希望を入れて専攻を自由に選ばせたことが察せられるのである。

アメリカの音楽教育事情

繁子と捨松が入学した一八七七～七八年度の『ヴァッサー・カレッジ便覧』（Vassar College Annual Catalogue 1877-78）によれば、当時のヴァッサー・カレッジは、カレッジ本体のコース（仮に「本科」ということにする）と音楽科、美術科から成っていた。つまり現代風にいうと、ヴァッサー・カレッジは教養学部と芸術学部から成り、芸術学部は音楽科と美術科とから成っていたということになる。本科には正規コース（Regular course）と特別コース（Special course）とがあって、前者に属する学生が正規の学生、後者に属する学生が特別学生であった。前者はいわば本科生であり、後者は選科生であるといえる。なおこのほかに予科があったが、これについてはあとで触れることにしたい。正規コースの受験生は、良い性格であることを証明するに足る身上調書を提出しなければならない。その上で英文法・算数・地理・アメリカ合衆国史・英語・ラテン語・ギリシャ語、それにドイツ語、フランス語の中から一カ国語選択の入学試験を受けなければならなかった。特別学生は予備試験を受ける必要がなく、推薦状を学長に提出するだけで、入学を許可された。

音楽科と美術科の場合は正規コース、特別コースの区別はなく、身上調書を提出し、英文法・算数・地理・アメリカ合衆国史の予備試験を受けた上で、音楽あるいは美術の「十分なる天性の才能の証拠」を示すことが要求された。音楽科の場合、これはいうまでもなく、本人の音楽的な演奏能力を指しているわけである。

さて繁子らはアメリカ人の受験生と同じように、正式に受験したのだろうか。それとも遥かなアジアの国からやって来た女子留学生として、特別扱いであったのだろうか。

この「正式に入試を受けた、正規の学生であったことを証明する資料探し」のいきさつは、実は久野明子氏の著書『鹿鳴館の貴婦人　大山捨松』の中の、「繁子はヴァッサーでは、音楽専攻の特別生として在学しており、初めから学位の対象とはならなかったのと、健康がすぐれなかったという事情もあって、後一年の卒業を待たずに帰国した」という記述に疑問を抱いたからである。

幸い前教授でカレッジ・ヒストリアンのエリザベス・ダニエルズさんが、以前に繁子の在学当時の入試記録をマイクロフィルム化しており、それが大学図書館の特別資料室に保管されていると教えてくれた。おおそうだ。私がヴァッサー・カレッジまで来た第一の理由は、繁子が正式に入学試験を受けた正規の学生であったことを証明する資料を探すことだったのだ。

私はダニエルズさんに感謝した。そして必死になってその厖大な量のマイクロフィルムをまわし続けた結果、彼女の入試採点表を発見することができたのだった。私はそれをメモし、同時に、彼女と一緒に音楽科を受験し、ともに卒業した同級生の採点表をもメモした。

繁子の同級生はフォスター（Mary Ellen Foster, Age 21）、ニコルズ（Gertrude Nichols, Age 19）、パーム

(Julia Anna Palm, Age 16) の三人で、フォスターが地元のポキプシー、ニコルズはニューヨーク州タリータウン、パームがテキサス州の出身である。ところでフォスターの四科目の採点欄は、全科目ともなんと空欄であった。ニコルズは英文法（1）・算数（1）・地理（2）・合衆国史（2）という成績であり、パームも英文法（2）（「英文法を学習したことなし」と付記）・算数（1）（「復習を要す」と付記）、ただし地理のみは繁子よりもよく、（4）となっていて、合衆国史がやはり（2）という成績である。このようにアメリカ人の受験生の学科の成績はあまり芳しくはないが、全部空白のフォスターなども、音楽の適性は十分として、入学を許可されたのであろう。繁子は満遍なく得点していて、算数のみが「復習を要す」と付記されているだけである。

Miss Shige Nagai［永井シゲ］
Residence: Tokio, Japan［住所　日本東京］
Age 17. Testimonials: Satisfactory［年齢　17 歳　身上調書　満足］

1. Preliminary Examination［予備試験］

Study［科目］	Mark［評価］	Remarks［所見］	Examiner［試験官］
English grammar［英文法］	3 1/2		M.S.A.
Arithmetic［算数］	2 1/2	Needs review［復習を要す］	F.H.B.
			E.D.A.
Geography［地理］	3 3/4		W.B.D.
U.S.History［合衆国史］	3		F.A.W.

Admitted: Coldwell［合格　コールドウェル］
President S. L. Coldwell［学長 S.L. コールドウェル］Per T.J.B.

繁子の入試採点表

繁子が渡米した頃のアメリカは、四年に亘る南北戦争（一八六一～六五）が終わり、市民生活にも余裕ができて、家庭の子女のたしなみの一つとしてピアノを習うことが流行っていた。当時の新聞広告欄などには、「ピアノ教師求む」という広告が実に多かったという。

こうした風潮のもと、十九世紀の後半にはアメリカ人の音楽的関心が急激に高まり、それにつれて高度の技量を持つ音楽教師が求められるようになった。各地の大学でも独立した音楽科、あるいは教育学部の中に音楽科を創設し始めた。最初の頃は修業年限二年の大学が多かったが、ヴァッサー・カレッジは創立当初から、音楽科の修業年限を三年としていた。当時のアメリカの制度では、たとえ音楽科の正規の学生に対しても、音楽科を卒業しただけでは、学士号は授与されなかった（ただし作曲・研究という分野では学位を授与されたケースはある）。

このような音楽専攻学生に対する扱いについては、エール大学が最も早く対策に乗り出したが、繁子在学当時の音楽科長リッター教授も、音楽科の学生が、よい結婚をするための「教養としてのクラシック音楽」の修得から、急速に音楽家または音楽教師としての職業意識に目覚めてきたにもかかわらず、彼女たちの学業の成果を保証する学位を授与することができないことを憂えて、学長宛てに書簡を出している。（一八八一年五月八日付け）

当時の制度では、音楽科の学生が音楽で学士号を取得することはできず、強いて学士号を取得しようとすれば、自分の専門外の科目を四年に亘って履修し、それによって教養学士号（Bachelor of Arts）をとらなければならなかった。リッター教授はそれよりも、音楽そのものを学位授与の対象とし、音楽のほかに音楽科の学生でも履修している教養科目の試験を加え、それをパスした音楽科の学生には学位を与えるべきではないのか、と提案しているわけである。

繁子ももう一年在学すれば、確かに音楽とは関係のない教養学士号をとれたわけだが、彼女はあくまでも専門の「音楽」で自分を活かしたかったのではなかろうか。ダニエルズさんもそのように指摘しておられた。

かのリッター書簡の四十二年後、第一次大戦後の一九二三年になってようやく、全米音楽教育者協会（Music Education National Conference）が、大学の音楽科を四年に延長して、音楽専攻卒業生に学位を授与すべきであるという内容の決議を初めて採択したのであった。ちなみにカーチス（Curtis Institute of Music）、ジュリアード（Julliard Graduate School）の両音楽院はその一年後の一九二四年に創立され、現在に至るまで芸術家養成大学として発展し続けている。以上、繁子の名誉のために、私は当時のアメリカの音楽教育事情を述べた。

また前述したように、女子留学生たちは日本を出発する前に宮中に伺候して、皇后から特別に激励の言葉を頂いた。その時まだ幼かった彼女たちの心にも、ある覚悟のようなものが刻み込まれたに違いない。それが久野氏のいうように、繁子が「多少健康がすぐれなかった」くらいで、後一年の卒業というところで学業を放棄して、帰国するものだろうか。その理由にはなんとも歯切れの悪さを感じたし、現に彼女が帰国前後に病弱であった形跡はさらになく、強いて言えば、ヴァッサー・カレッジに入学してから、近視の眼鏡をかけ始めたことくらいである。

繁子が健康上の理由から在学期間を一年短縮して帰国したということを最初に説かれたのは、『津田梅子』（吉川弘文館）の著者の山崎孝子氏であったと思われる。おそらく氏は大学の修業年限が四年であるという先入観から、繁子が三年で帰国したことの説明をしなくてはならず、当たり障りのない健康上の理由にしてしまったのではなかろうか。その説明があまりにも「わかりやすかった」ので、久野氏も、『津田梅子』（中公文庫）の著者吉川利一氏も、山崎氏の説を採用したものと思われる。

これはいずれも当時のアメリカの音楽教育事情を知らぬがゆえの、誤解である。しかし久野明子氏が繁子のことを「特別生」だとした根拠は今もってわからない。

ヴァッサー時代の繁子

繁子のカレッジ・ライフ

こうして繁子は山川捨松とともに隣り合わせの部屋で寄宿生活が始まるのだが、ヴァッサーでの一日の時間表は次の通りであった。

起床	午前七時
朝食	七時四十五分
午前の学習時間	八時三十分より十二時十分まで
昼食	十二時十五分からと四十五分からとがあった
午後の学習時間	午後一時五十五分から四時五十五分
夕食	五時十五分
祈り	六時三十分
夜の学習時間	七時より八時まで
就寝予告のベル	九時三十五分
消灯	十時

そして金曜日の夜は学習時間はなく、何をしてもよかった。

土曜日も同様だが、日曜日は朝食がなくて、午後一時に正餐があり、六時に夕食である。そして祈りのために教会に向かう。大体このように規則正しい日課が組まれていた。

学生はここで上品で礼儀正しいレディーのマナーをも身に付けていくのである。食堂ではメイドが給仕にあたった。ずいぶんと贅沢な寄宿生活であった。授業料よりも寮費のほうが高かったようだ。

最高の教養としての音楽

それでは繁子が入学したヴァッサー・カレッジ音楽科の教育内容はどのようなものだったであろう。彼女が入学した一八七八〜七九年度の『便覧』によると、美術科と音楽科の教育内容について、次のように記されている。

美術科・音楽科の全課程は約三年間を必要とする。優秀な学生は、より短期間で全課程を修了することができる。そのような特別な場合は、学長の承認を得て、学科長がその学生のレヴェルに適した、より短い課程をアレンジすることもできる。しかし学生は、担当の責任者によって認定されない学習計画を行うことは許されない。卒業証書は全課程を完全に修了し、要求されるすべての試験をパスした者に対して授与される。

この記述からヴァッサー・カレッジは四年制の女子大学ではあったが、美術科・音楽科に限っては、修業年限が三年であったことがわかる。ただ修業年限が学生の習熟度によって短縮され得るとなっているところが、いかにもアメリカらしい。また同『便覧』によると、音楽科における教育は、音楽理論を基礎とする偉大なヨーロッパの音楽家のクラシック音楽の修業であり、「最高の教養としての音楽」を身に付けることである。ピアノの分野ではバッハ、ヘンデル、スカルラッティー、ハイドン、クレメンティ、モーツァルト、クラマー、ベートーヴェン、モシュレス、ウェーバー、シューベルト、メンデルスゾーン、シューマン、リストの作品が基礎となっている（しかしなぜかショパンが抜けている）。

次にオルガンはバッハ、リンク、ヘッセ、リッター（音楽科長）、声楽はガルシャ、バッカイ、コンコーネ、バルドーニ、マルケージ、パノフカなどの母音唱法やソルフェージュ、芸術性の高いイタリア、フランスオペラのアリアおよびシューベルト、メンデルスゾーン、シューマン、R・フランツなどの偉大な作曲家の作品による、としている。

ここに列記された作曲家の作品は、一八八四年に同学科の教授が注文した楽譜のリストにも記載されているが、同時に、現在でもピアノの学習者に使われている『ツェルニー』、『ソナチネ・アルバム』や、バッハの『インヴェンション』も注文されている。しかしテクニック教本の『ハノン』などは見あたらず、ドイツのピアニストで作曲家のレシュホルン（Ltshhorn）の *school of Octaves* や *Klav*[iar] *Teck*[niek]などと記された教本が多く注文されている。

音楽科の学生は週二回のレッスンのほかに、毎日四十分の練習時間を課せられた。また実技のほかに音楽理論、和声学、通奏低音、カノン・フーガ作曲形式および奏法、音楽史、音楽美学、音響学などの科目があり、その教育内容は、現代の音楽教育の内容と基本的には異ならない。この中で特に「和声学」については、それを修めない者は卒業できないと規定されている。繁子が三年次で「和声学」を修めていることは、同校の学務部（Office of Registrar）の記録で確認した。なお音楽科の学生は音楽科の課目の他に、本科コースの課目を選択することが要求された。

また音楽科には今も立派な音楽図書館があるが、その当時も音楽科学生のために五千から六千曲の楽譜が準備され、無料で貸し出された。ピアノの使用料は週二度で年間百ドルだった。『便覧』に掲載された職員録によると、音楽科の教師は音楽科長のリッター教授以下八名で、ピアノ担当が五名、声楽担当が一名、オルガンが一名で、ピアノ教授のほうが圧倒的に多い。合唱指導をリッター教授が行っているので、彼は声楽も教えていたのだろう。ただし実技以外のもろもろの課目、たとえば「和声学」などの担当教授の氏名は記載がない。そこで前記の教材の注文書を見ると、四人の教授、すなわちリッター教授、ホイットニィ（Whiteny）、フィンチ（Finch）、チャピン（Chapin）がヒラー（Hiller）著『和声学』（*Harmony*）一冊と『和声学入門』（*Harmony Primer*）三冊を注文しているので、当時はおそらく現在のように実技と理論を別の教師が教えることはせず、リッター教授と二人のピアノ教授、一人のオルガン教授が両方を兼任していたものと思う。

また繁子が帰国してから音楽取調掛で教えたピアノ教本は、ウルバッハ（Karl Wurbach）の *Prize Piano*

School であったが、その訳者エルザ・M・ウィリー（Ellza M. Wiley）は、音楽科の教授陣の中の一人として記載されている。

前記の学務部の記録によると、繁子は音楽の専門課目のほかに、一般教養科目として、英作文（English Composition）、フランス語およびフランス文学、数学を履修している。数学はおそらく入試採点表の中に算数が「復習を要す」と付記されていたので、一年だけ履修したものらしく、フランス語のほうは三年間に亘って履修している。

リッター教授

さて当時は、同校の教授たちとその家族は、みな大学内の宿舎に住んでいた。同校の校内誌『ヴァッサー雑誌』（*The Vassar Miscellany*）には、学生たちが教授宅を訪ねて、家族的な交流を持っている様子がしばしば記事になっている。音楽科長のリッター教授（一八六七年にヴァッサーに迎えられる）も、音楽家で著述家の妻フランセスとともに学生たちを歓待した。寄宿生活を送っている繁子たちにとっては、それは楽しいひとときであったに違いない。声楽クラスの学生たちは、リッター教授宅でイタリア語のレッスンを受けたりしている。彼はまた同校内に事務所を設け、彼自身の音楽活動の拠点とした。では音楽科創設のパイオニア的存在のリッター教授とはどんな人物であろうか。

フレデリック・ルイス・リッター（Fredric Luis Ritter, 1834-91）は、当時フランスの一部だったアルザスのストラスブルクに生まれたスペイン系ドイツ人である。彼は十八世紀から十九世紀にかけてアメリカという新天地に移住してきた多くのヨーロッパ生まれの音楽家の一人である。彼は一八五六年に両親とともにシンシナティに落ち着き、当地にセシリア合唱団（Cecilia Choral Society）やフィルハーモニック・オーケストラ（Philharmonic Orchestra）を創設した。

彼が移住してきた頃の同市は、ドイツ人の男声合唱団と聖歌隊が自慢だったが、当時最も受けていたのは、一八二〇年頃から始まったミンストレル・ショーであった。それは白人が顔を黒く塗って、縞のズボンにぶかぶかのカラーという黒人の扮装で、歌やダンス、寸劇、政治風刺などを演じるものであった。

リッター教授は、このように芸術的なものと単なる娯楽とを未だ区別できなかった一般のアメリカ人に、ヨーロッパ仕込みのクラシック音楽を紹介する。彼は一八六一年にはニューヨークに進出して、南北戦争が終わると、同地で積極的に活動し、ちょうどこの時期のアメリカ人の音楽的関心の高まりに、それなりの役割を果たした。彼はセイクリッド・ハーモニック協会（Sacred Harmonic Society）、アルビオン男声合唱団（Albion Male Chorus Society）の指揮者として活躍し、また毎年のように七つの系列のコンサートの音楽監督をした。

教授になってからの彼は音楽関係の著述に専念し、J・ライラント・ケンドリック師（J. Ryland Kendrick）とともに『讃美歌集』を編纂して一八七七年に刊行した。彼はまた英・独・仏語で各種の音楽雑誌にしばしば音楽評論を寄稿し

音楽科長のリッター教授

た。

もっとも彼は変名で自分自身の作品を宣伝したり、自分の作品を取り上げて演奏してくれない音楽家に対しては辛辣な批評を下すといった、少々癖のある人物だったようだ。けれども彼の『音楽の歴史』(一八七〇―七四)所収の「アメリカ音楽」(一八七三)は、当時の出版物の中でも最も興味深い著書の一つで、それまであまり注目されなかったアメリカ音楽についての関心を喚起した著作として評価が高い。東京音楽学校教授の神津専三郎の蔵書の中にも、このリッターの著書が含まれていた。

彼の音楽作品は、今ではほとんど演奏されていないそうだが、三つのシンフォニー、交響詩『ステラ』(Stella)、『序曲オセロ』、『ピアノとチェロのための協奏曲』などで、いくつかの室内楽は、当時ニューヨーク、ブルックリン、ボストンで演奏されていた。彼はまた『オルガン幻想曲』『讃美歌四、二三、四六、九五番』、それに百曲以上の歌曲を作曲しており、ヴァッサー・カレッジの音楽科でも、自分自身の作品をしばしば教材として学生らに演奏させている。

彼は著述・作曲などの業績により、一八七八年にニューヨーク大学から博士号を授与された。この年はちょうど繁子がヴァッサー・カレッジに入学した年で、四十代の脂の乗り切った教育者としてのリッターが、日本から来た繁子をどう見ていたかを知りたいところだが、忙しすぎた彼は、特に繁子を意識することはなかったようだ。音楽科長として担当教師にまかせていたのであろう。

繁子が聴いたクラシック音楽

繁子は在学中どのような音楽を聴いたのだろうか。私は繁子の在学中の三年間に催されたコンサートのプログラムを検討したが、彼女は少なくともヴァッサーで行われた二十回以上のコンサートを聴いていることになり、その間、彼女自身も学内コンサート（進級テストの意も含む）に六回出演している。

当時のプログラムを一覧すると、こうしたコンサートは、いわば音楽科学生の進級・卒業コンサート、教授と学生の合同コンサートあるいは教師だけのコンサート、外部の室内楽団、声楽、ピアノのソリストを迎えてのコンサートの三種類に分かれる。コンサートは年間八、九回開催され、そのほとんどでリッター教授が音楽監督を務め、必要に応じて司会なども務めている。

それではまず教師だけのコンサートと学外から演奏家を迎えてのコンサートを一つずつ取り上げ、その内容を紹介しよう。

1　音楽科教師の演奏曲目

一八七九年三月二十一日金曜日の「音楽の夕べ」は、繁子のピアノの教師でもあるミス・ハッバード（Habbard）とミス・ブリス（Bliss）の独奏と二重奏のコンサートであった。ミス・ハッバートは、繁子が卒業した後、ベルリンに音楽修業に旅立っていった。日本人がヨーロッパに音楽修業に出かけたのと同じパターンで、当時のアメリカ人も、第一次世界大戦で、ヨーロッパからたくさんの高名な音楽家が亡命してくるまでは、ヨーロッパを目指したのである。そのプログラムは次の通り。

一　ベートーヴェン「ソナタ変ホ長調作品二七」

二　ショパン「夜想曲ロ長調作品三二」

三　モーツァルト作曲　クルク編曲「クローエに寄す」

以上ミス・ハッバード

四　ショパン「ロンド作品一」

五　バッハ作曲　サン・サーンス編曲

「ヴァイオリン・ソナタ五番」より「ラルゴ」、同「レシタティーヴとアリア」

六　ベートーヴェン作曲　リスト編曲「アデライーデ」

七　モシュレス「ヘンデルを讃える二重奏曲作品九二」

以上ミス・ブリス

ここで特徴的なのは、ヴァイオリン曲や歌曲をピアノ曲に編曲したものが三曲（三、五、六）も取り上げられていることである。この点については、あとで触れたいと思う。

2 招かれたピアニストによるリサイタル

一八七九年二月七日、チャペルにてドイツ人音楽家フランツ・ルンメル（Franz Rummel）を招いてピアノ・リサイタルが催された。プログラムは十曲から成り、バッハからリストまで、バロック、古典、ロマン派と音楽史の流れに沿った構成となっている。そしてその中に一曲だけソナタが入っている。ちなみに、十九世紀前半より、ソナタは不人気であった。しかし、古典的教養の証として、一曲だけピアノ・ソナタでプログラムを飾る傾向があったという（西原稔『ピアノの誕生　楽器の向こうに「近代」が見える』）。そのプログラムは次の通り。

一　バッハ「半音階風幻想曲」
　　ヘンデル「組曲ホ長調」
二　ベートーヴェン「ソナタヘ短調作品五七（熱情）」
　　シューマン「謝肉祭の道化作品二六」
三　メンデルスゾーン「厳格な変奏曲ニ短調作品五四」
　　ショパン「夜想曲変ニ長調作品二七の二」

四　リスト「愛の夢作品三」
「ヴェネツィアとナポリ」より「ゴンドラの女」と「タランテラ」

3　管弦楽団などのコンサート

一八八〇年二月二十一日の一八八〇―八一年度第三回「音楽の夕べ」にはボストンから「メンデルスゾーン弦楽五重奏団」が来演した。この楽団は一八四九年にボストンに創立され、五十年近く活躍した。では当日の五重奏団のプログラムを紹介しよう。

一　ハイドン「四重奏曲変ホ長調」
二　ドップラー「愛の歌　フルートのための小作品」*シェード氏
三　モーツァルト「クラリネット五重奏曲ハ長調作品二九」*ライアン氏
四　ハイメンダール「カンツォネッタ」「バガテル、ワルツ風に」
五　ヴュータン「チェロ協奏曲」より「アンダンテ」ゲーズ氏
六　ベートーヴェン「五重奏曲ハ長調作品二九」

*印の奏者はクラリネットとヴィオラ、フルートとヴィオラを掛け持ちしている。

フルートとヴィオラを掛け持ちしているシェードはプログラム二番で、当時『ハンガリー田園幻想曲』を発表して爆発的人気を博していたドップラーの曲をソロで演奏しているので、この人は元来フルーティストなのだろう。この掛け持ち演奏の素人臭さを指摘しているのは奥田恵二氏だが（奥田恵二『アメリカの音楽』）、私はここでは、よく言われる十九世紀のアメリカ音楽の後進性を指摘しようとは思わない。

なにしろ当時の日本で西洋音楽を体験していたのは、陸海軍軍楽隊か、宮内省雅楽部の伶人か、民間ではキリスト教会の信者が歌う讃美歌くらいであった。学校教育の現場でも、音楽は「当分これを欠く」というのが現状で、この年やっと文部省に音楽取調掛が設置されたばかりであったから、繁子のアメリカでのこのような音楽体験は、貴重なものといわなければならない。要は、たとえ掛け持ち演奏であろうとなかろうと、当時「室内楽」という、高度な音楽性を要求されるジャンルで、繁子以外にハイドン、モーツァルト、ベートーヴェンという古典派の巨匠の音楽を聴いた日本人はいなかったであろうからである。

以上はヴァッサー・カレッジの主催によるコンサートだが、私の手元にはボストン音楽堂で一八八一年二月十七日午後三時開演の、一八三七年に結成されたハーヴァード音楽協会（Harvard Musical Association）主催の第七回シンフォニー・コンサートのプログラムがある。それは音楽科長のリッター教授作曲の『交響曲第二番ホ短調』をドイツから来た指揮者カール・ツェラーン（Carl Zerrahan）が指揮した、ボストン初演のコンサートだった。この年はちょうど繁子の卒業の年であるが、彼女が学友と連れだってボストンまで出向き、師のオーケストラ編成の交響楽を聴いたことは間違いないと思う。

学内コンサートと繁子

リッター教授は音楽科長として、実に精力的に音楽会を主催し、学外からの音楽家を招聘し、その音楽監督を務めた。とにかく彼の日常は、多忙の一語に尽きたようだ。『ヴァッサー雑誌』は毎月の各学部の動静を詳しく伝えているが、特に音楽科がシーズンごとに定期的に行う学内コンサートについては、学生一人ひとりの演奏に対する講評が掲載されていて、リッターを中心とした活気に満ちた雰囲気が伝わってくる。それでは学内コンサートにおける繁子の演奏とその健闘ぶりを見てみよう。

（イ）繁子シューベルトを弾く

一八七八－七九年度第八回「音楽の夕べ」（Eighth Soiree Musicale. 14 June 1879 at 8PM）は一八七九年六月十四日午後八時より始められた。

繁子にとって一年生の終わりも近いこの時の演奏が、彼女がヴァッサー・カレッジの音楽科に入って初めての、人前での演奏経験であった。六月の気持ちのよい夕べ、そうそう今のように気軽に音楽会などに行けない当時は、音楽科の学生が出演する学内コンサートはなかなか人気があった。聴衆の一人である山川捨松も、故国を遠く離れて、もう今では姉妹のような絆で結ばれている繁子の初演奏を、我がことのように緊張した面持ちで待ちうけたであろう。

『ヴァッサー雑誌』第八巻九号には次のような記事が見られる。

「リッター教授が〈音楽の夕べ〉としたコンサートの趣旨や目的を簡単に話した後で、ミス・トンプソン(Miss Thompson)がメンデルスゾーンの『無言歌』のうちの一曲を演奏した。それは明快で正確なタッチの演奏だった。またミス・エイロート(Miss Ayraut)は私たちが昔からよく知っている曲の一つであるキュッケンの『燕の別れ』(Swallow's Farewell)を唄った。彼女は初の出演だったので、多少あがっているように見えたが、彼女の澄んだ高音部を讃えたい」

次にミス・ファン・ベンスホーテン(Miss Van Benschoten)が登場した。彼女は繁子より一年先輩のようだ。講評は「将来の成功を約束させるようなチャーミングな唱いぶり」という最高の賛辞であった。

いよいよ四番手が繁子のピアノであった。彼女の演奏曲目はシューベルト作曲の『即興曲作品九〇第四番』であった。彼女の演奏に対する講評は、「**ミス・ナガイは非常な繊細さと表現力でシューベルトを演奏した。彼女は演奏の中で音楽的に正しい理解を示した。われわれはまた彼女の演奏を聴けることを願っている**」というものであった。

ちなみにこの曲は、現在全音楽譜出版社のピアノ・ピースの裏表紙の一覧表では中級クラスの曲としてランクされ、発表会などでもよく弾かれる、美しい曲である。同誌の講評はこのように、どの学生に対しても好意的な批評に終始するかと思われたが、「ミス・ニコルズは、以前聴いた時のようには良い唱いぶりではなかったことに気付き、われわれは失望した」というような講評もある。

なお当夜の繁子はピアノと歌唱の両方で出演している。しかしこちらのほうの講評は「メンデルスゾーン作曲の『すずらんと花たち』(The Maybells and Flowers)を唱ったミス・ナガイとミス・ファン・ベンスホーテンとのデュエットは、ハーモニーしていないように感じられた」というふうだった。彼女は先にソロを唱って大好評の上級生ファン・ベンスホーテンと組んだのだが、どうもうまくゆかなかったようだ。繁子はアルトの声部を

ヴァッサー・カレッジのチャペル。ここで学内外のコンサートが行われた

唱ったと思われる。それだけにピアノのほうは大成功と言えよう。

またコーラス・クラスの学生がシューマン作曲の『楽園とペリ』(Paradise and the Peri) の中の『われらは道をかざる』(Deck we the Pathway) を合唱したのに対して、講評者は「その合唱は、良くハーモニーしている。それはリッター教授のたゆまぬ指導と忍耐の証明である。われわれは合唱の楽しみを与えてくれたリッター教授に心から感謝したい」というコメントをしている。リッター教授はいくつもの合唱団の指揮をしているが、『ヴァッサー雑誌』のコンサート欄を読むと、学内での合唱指導にも熱が入っていた様子が窺える。

(ロ)メンデルスゾーンを弾く

一八七九―八〇年度第五回「音楽の夕べ」は一八八〇年四月二十四日に行われた。これは繁子が二年生になって出場した学内コンサートである。このコンサートに先立つ三月二十八日付で、ヴァッサー・カレッジの博物学教授ウィリアム・B・ドワイトが繁子と捨松の教育監督であるノースロップ教育長宛ての書簡で、「**ミス・ナガイは音楽の課程に専念し、大きな進歩を遂げております。音楽科担当の教授は私に、彼女の演奏の上達の速いのに驚いていると語りました**」という報告をしている。

このコンサートでは幾人かの新入生がデビューした。『ヴァッサー雑誌』の講評によると、プログラムの選曲はよくできており、また演奏者はそれらの曲をよく理解して弾いていたということである。ただ一つ難をいうと、時間が長すぎたことだった。その結果、プログラムの終わり頃に演奏の順番が回ってくる若い淑女たちにとっては、強い精神的ストレスを受け続けることになり、不公平のように思われた。聴衆も大分疲れた様子であった。しかも二人の新入生の出演順番は十六番中十番以降であった。二人の新人は、一人がショパンの『即興曲変イ長調作品二九』を、もう一人がモシュコフスキーの『楽興の時作品七ノ二』を演奏した。繁子は内心うかうかしていられぬものを感じたかもしれない。

さて繁子は六番目に、メンデルスゾーンの『無言歌第二一番』を演奏した。この曲はト短調の“Presto Agitato”という発想標語の付いている八分の六拍子の速い曲で、近年そのまま「プレスト・アジタート」あるいは「胸さわぎ」などと表題をつけている。この『無言歌集』の曲はみな短いとたかをくくると、初心者には意外と弾きづらい。また繊細な表現力を必要とする。帰国後繁子が教材として取り上げていないのもわかるような気がする。

彼女の演奏に対する講評は、「**ミス・ナガイは、メンデルスゾーンの『無言歌』を力強く、そして大変生き生きと演奏した**」というものであった。

このコンサートはほとんどがピアノ演奏で占められた。曲目は先の新人の弾いた曲のほか、ショパン、メンデルスゾーン、シューベルト、バッハ、ルービンシュタイン、ヒラーなどの作品であった。

(ハ)タウベルトの『子守歌』を唱う

前述のコンサートから一カ月ほど経った五月二十八日に、声楽と合唱から成る「バラード」というタイトルが付いたコンサートが催された。このコンサートのオープニングは、ブラームスの親しみやすい民謡風の合唱曲『アヴェ・マリア』であった。ちなみにヴァッサー・カレッジの教師たちの楽譜注文書には、この合唱曲以外には、まだブラームスの作品は見当たらない。

この日繁子は七番目の出番であった。彼女はタウベルトの『子守歌』(Cradle Song) を独唱した。講評は「ミス・ナガイはタウベルトの『子守歌』を聴衆に非常にわかりやすく唱い、拍手喝采だった」とあるが、これは彼女がピアノ・クラスであることを知っていての暖かい拍手であると私は思う。『子守歌』の旋律は優美で、最高音はFまでの唱いやすい曲である。一八七五年五月の彼女の日記によると、彼女がヴァッサー・カレッジに入学する前のアボット・スクールで、すでにピアノとともに歌唱のほうもレッスンを受けていたようで、「ピアノと歌唱の練習をしたけれど、私の声は高い音が出ないので…」という記述もあり、彼女は声楽向きの声ではなかったようにも思う。

では学友たちはどうであろうか。前年のコンサートでは「失望した」と、その唱いぶりを評されたミス・ニコルズは、このコンサートではキュッケンの『星』(The Star) を唱った。彼女の独唱は「ミス・ニコルズの声はチャペルのすみずみまでよく届き、しかもよく抑制がきいていた」と発声の良さを評された。また繁子の二重唱の相手だったミス・ファン・ベンスホーテンの独唱に対しては、「彼女にとって最高の余裕ある完璧さでハースの『緑の牧草地を通って』(Through Meadow's Green)を唱った」という講評が与えられた。学生らはみな前年に比して、確実にその演奏技術が向上していることがわかる。そしてコンサートは「我らのディレクター」(リッター教授)の作品『讃美歌第九五番』の合唱で終了した。

(二)第一回夏のフェスティバル

一八八〇年六月二十一日には「第一回サマー・フェスティバル」が催された。これは学年末の開放感にあふれたコンサートとダンスの会で、プログラムはリッター教授の企画により、音楽科学生による声楽、ヴァイオリン、ピアノ、ギターのソロとアンサンブルという内容である。コンサートは午後五時半から七時、ダンスは七時半から九時となっている。

このコンサート・プログラムがまたおもしろい。「メニュー」となっていて、曲名の紹介を料理になぞらえ、たとえば「ヘンデル風ロースト・ビーフ」(Roast Beef c la Handel)とか、少し長いものでは「ハイドンの『四季』から選ばれた朝露したたる野菜、サラダ、ピクルスなどなど」(Vegetables, Salads, Pickles, etc. Selected with the Morning Dew upon Them, from Haydn's“ Seasons„)、「ショパン風色付きクリーム」

(Chromatic Cream c la Chopin. Chromaticには「半音階」という意味もある）など機智に富んだもので、思わず笑いを誘われる。

次にダンスの種類が踊る順に記されている。「マーチ」「ポロネーズ」「ワルツ」「カドリール」「ポルカ」「ワルツ」「ランサーズ」「スコッチリール」「カドリール」「ギャロップ」である。これが終わると卒業生は学校との別れであり、在学生は長い夏休みに入る。プログラムの最後には「さらば」（Vale!）と記されていた。

繁子は晩年にその「手記」のなかで、このようなヴァッサーでの日々を、「**ヴァッサーで私はパーフェクトな自由を謳歌した**」と懐かしく回想している。さもあろうと思われる。

（ホ）繁子モーツァルトを弾く

一八八〇年繁子は三年生となり、三カ月後に卒業を控えた翌一八八一年三月二十五日、卒業予定の繁子、パーム、ニコルズ、ファン・ベンスホーテン、ショーたちが中心のコンサートが一八八〇－八一年度第三回「音楽の夕べ」として催された。

この日プログラム第三番目の彼女は、マツカ（Mr. Matzka）という男性と組んで、モーツァルトの『ピアノとチェロのためのソナタ変ロ長調』のデュエットをした。『ヴァッサー雑誌』第十巻七号には、今まででいちばん長い講評が記されているが、繁子の演奏に対する講評は最終学年らしく音色、テンポ感、レガート奏法にふれた専門的な内容となっている。

昨年、メンデルスゾーンを演奏した時のミス・ナガイの強い精神力と熱意を思い浮かべながら、音色の点では期待を裏切らなかったが、そのテンポはある箇所では速すぎたこと、そして第一楽章のレガート奏法は、もう少し進歩が認められれば良かったであろう。

とのコメントであり、その口ぶりはちょっと残念といった感じがある。繁子が帰国していちばん経験不足を自覚したのが、このアンサンブル奏法ではなかったかと思う。

これまでともに学んできたミス・パームは、ピアノ・ヴァイオリン・チェロのトリオを組んで演奏した。彼女のピアノに対する講評は、明快、力強い調子、美しい表現力、優雅な終章という大変な褒め方である。入学試験の学科テストの悪さなどなんのその、生まれついた音楽的天分の持ち主にはかなわない。ミス・ニコルズはヴァッカイのアリア『ああお前は眠っている』(Ah! Se tu dormi) を、ファン・ベンスホーテンはリッチの『愛の悩み』(L'Ansia d'Amare) を唱い、いずれも好評であった。

ファン・ベンスホーテンは、繁子が一年の時の二重唱の相手であったことを憶えておられるだろうか。彼女は声楽クラスで、卒業式には選ばれて独唱した。

このコンサートの最終六番はベートーヴェン『ピアノ・ヴァイオリン・チェロ三重奏ニ長調作品七〇』であった。

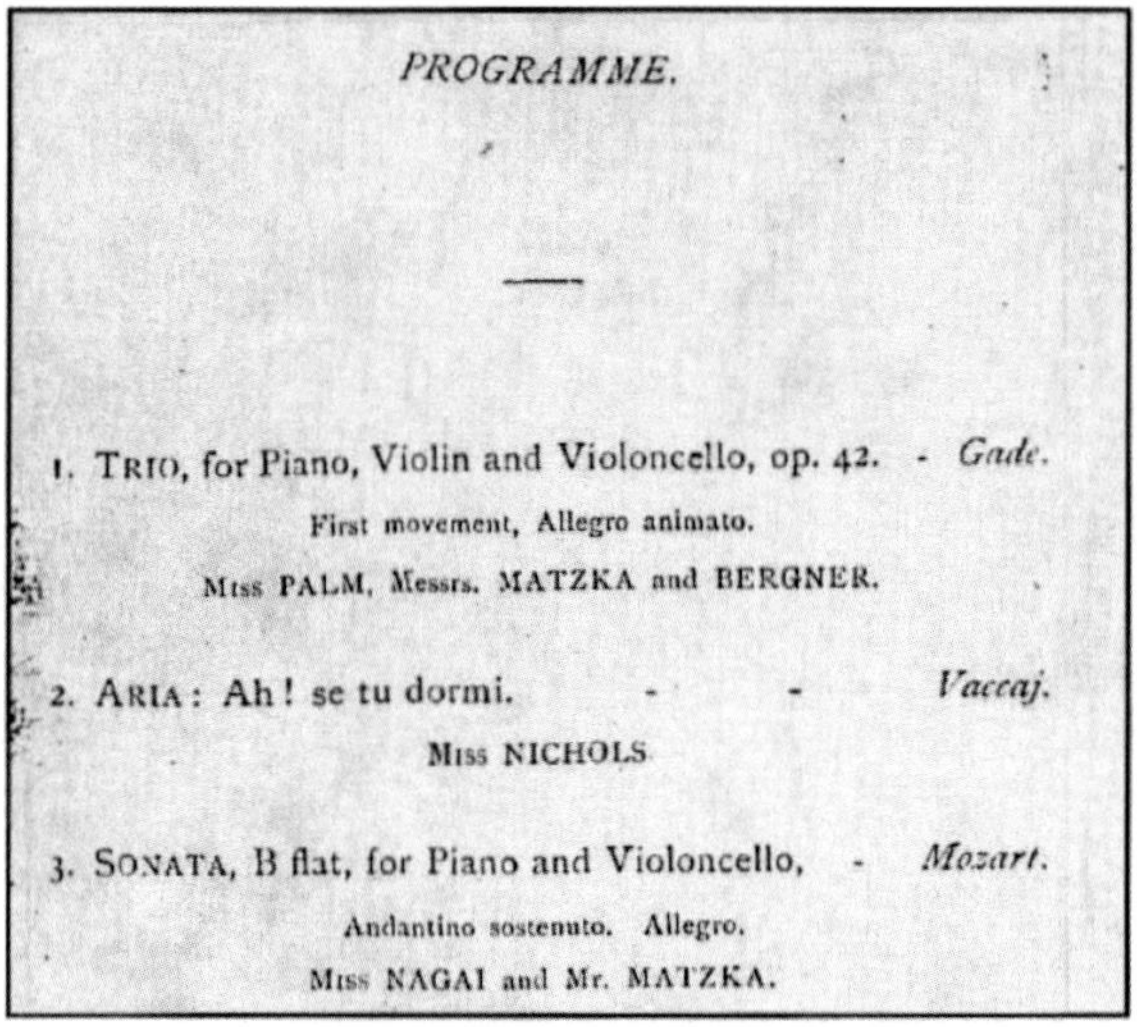
PROGRAMME.

—

1. TRIO, for Piano, Violin and Violoncello, op. 42. - *Gade.*
First movement, Allegro animato.
MISS PALM, Messrs. MATZKA and BERGNER.

2. ARIA: Ah! se tu dormi. - - *Vaccaj.*
MISS NICHOLS

3. SONATA, B flat, for Piano and Violoncello, - *Mozart.*
Andantino sostenuto. Allegro.
MISS NAGAI and Mr. MATZKA.

1881年3月25日の学内コンサート・プログラム

ピアノはミス・ショーで、彼女も卒業式にピアノクラスの独奏者に選ばれている。
このコンサートは彼女たちのアンサンブル奏法の総仕上げというべきものであった。

（へ）一八八〇―八一年度第四回「音楽の夕べ」

これは一八八一年五月二十七日（金）、繁子の卒業一カ月前に開かれたコンサートで、プログラムには卒業予定者には☆印がつけられ、「音楽科卒業クラス」（Of the Graduating class of the School of Music）の卒業課題という注記がついていた。曲目のなかには彼女が作曲した歌曲があり、作曲者の欄に S. Nagai と記され、演奏者は在校生の一人であり、曲名は『空へ向けて矢を放つ』（I shot an Arrow into the Air）となっている。ほかの卒業予定者のパーム、フォスター、ショーも同様であった。声楽クラスの生徒が演奏者となっているので、おそらく繁子らは、自分たちが卒業課題として作曲した歌曲の発表作品の伴奏をしたと考えられる。しかし残念なことにヴァッサー・カレッジ図書館所蔵の『ヴァッサー雑誌』一八八一年六月号が欠けていてわからず、音楽図書館の館長にも学生の作品などが残っていないかと聞いてみたが、一九一八年以前のものは保存されていないとのことであった。

その他はピアノではリストの編曲によるワーグナーとシューベルト、ベートーヴェン、メンデルスゾーン、ウェーバー、ショパン、フンメルの作品、声楽ではメンデルスゾーン、キュッケン、グムベルト、ステルヒ、シューマンの名が見える。

このように繁子は最終学年の音楽科の卒業課題を、三月、五月と立て続けにこなしていく。そしていよいよ最後の舞台が間近となった。

卒業〜ショパンを弾く

一八八一年六月二十日、午後八時よりシーズン最後の音楽科の学内コンサートである一八八〇－八一年度第五回「音楽の夕べ」が始まった。繁子にとっては、留学生活最後のコンサートであり、また周囲もそのような目で見ているという、有終の美で飾りたい舞台であった。

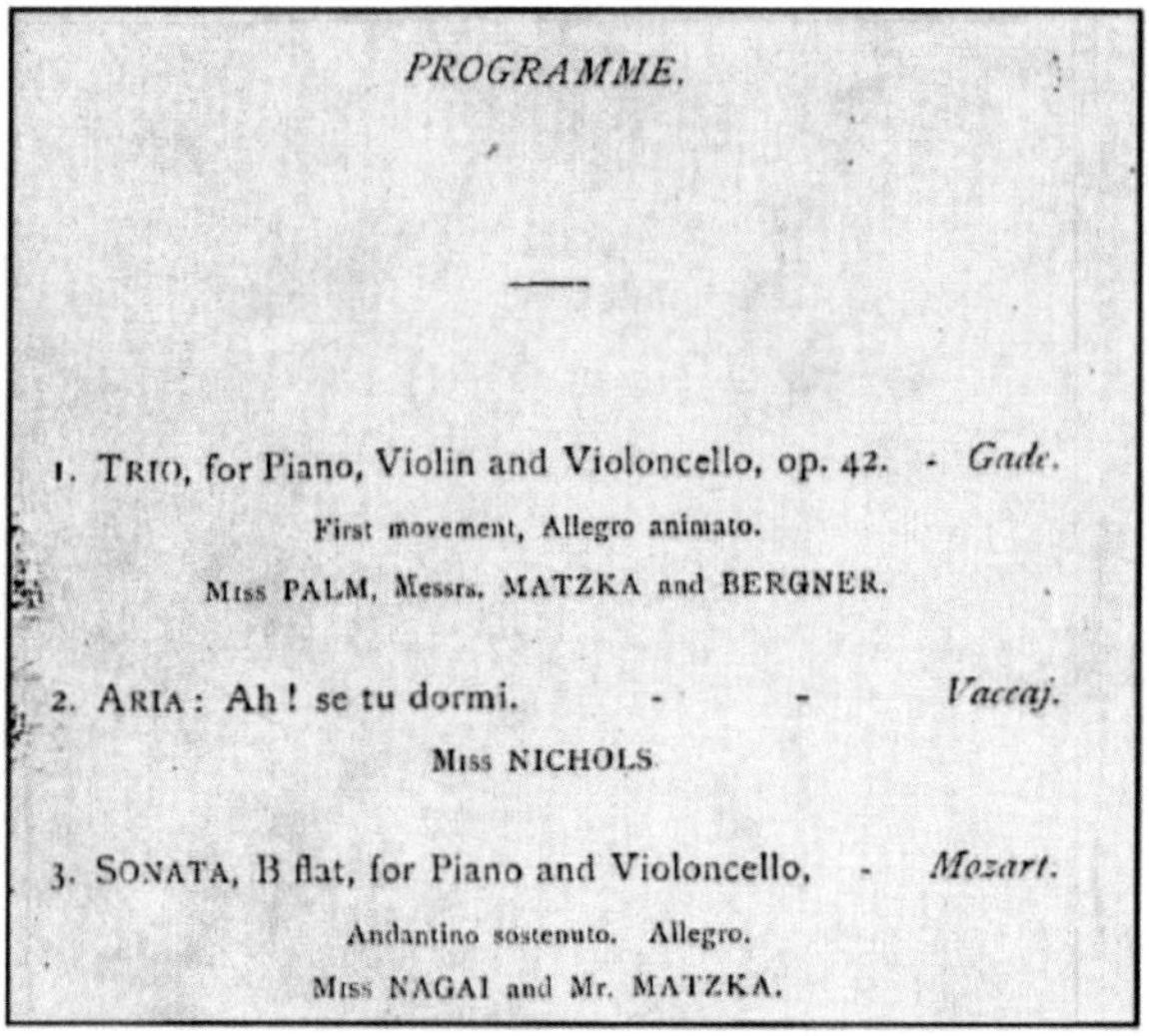

PROGRAMME.

—

1. TRIO, for Piano, Violin and Violoncello, op. 42. - *Gade.*
First movement, Allegro animato.
Miss PALM, Messrs. MATZKA and BERGNER.

2. ARIA: Ah! se tu dormi. - - *Vaccaj.*
Miss NICHOLS.

3. SONATA, B flat, for Piano and Violoncello, - *Mozart.*
Andantino sostenuto. Allegro.
Miss NAGAI and Mr. MATZKA.

1881年3月25日の学内コンサート・プログラム

繁子はプログラム三番目に登場し、ショパンの『華麗なるワルツ変イ長調、作品三四－一』を演奏した。ショパンの『華麗なるワルツ』と題名がつけられた曲は、最もよく弾かれる『華麗なる大円舞曲変ホ長調作品一八』の他、「大」のつかないのが三曲あり、それが作品三四としてまとめられている。彼女が弾いたのはその一である。同期生のニコルズ、フォスター、パームと顔が揃い、繁子らには頼りになったであろう上級生のファン・ベンスホーテンとショーは学位取得のため四年目である。またすでに学位を持っていたミス・アンドリューズは、卒業後さらに王立ライプチヒ音楽院へ留学した。彼女らの曲目はミス・アンドリュースとミス・パームがメンデルスゾーンの『協奏曲ト短調作品二五』を、前者が第一楽章、後者が第二、三楽章を弾き、ミス・フォスターも同じくメンデルスゾーンの『協奏曲ニ短調作品四〇』第二、三楽章を演奏した。

声楽クラスのミス・ニコルズはベッリーニのオペラ『清教徒』より『わたしは美しい女』(Son Vergin Vezzsoso)を、上級生のミス・ファン・ベンスホーテンはドニゼッティのオペラ『ルクレツィア・ボルジア』より『彼の行動は見張られている』(Anch'io provai le teneresmanie)を唱い、最後に上級生のミス・ショーがヒラーの『協奏曲嬰ハ短調作品六九』でしめくくった。なお『ヴァッサー雑誌』にはこの日のコンサートの講評は、二日後の卒業式の演奏者に決まっているファン・ベンスホーテンとショーについてしか載っていないのは、なんとも残念である。

こうして繁子は無事に全部の課題を終えた。

全体として見ると、一年から三年生までの音楽科学生二十七名が大体二つのグループに分かれて、年間の演奏のローテーションを組んできた。繁子はこれまで紹介してきた演奏会を通じて、ピアノ独奏三回、二重奏一回、独唱一回、二重唱一回、声楽のピアノ伴奏（?）一回と、計七回人前で演奏して、確かな演奏度胸と技量を身につけたのであった。

二日後の六月二十二日は卒業式であった。この日、山川捨松、津田梅子、繁子の第二の母とも呼ぶべきエレン・アボット、やがて繁子の夫となる瓜生外吉、彼のアナポリス海軍兵学校の同期生世良田亮らがかけつけてくれた。

異国の地で、意中の男性に見守られながら卒業証書を授与された気分はどうだっただろうと考えたら、私のほうがわくわくしてきた。一行は式終了後、ハドソン川を船で川下りをして、留学時代の青春の輝くような一ページをしめくくったのであった。

瓜生外吉もアナポリスを同時に卒業し、寄宿先のピットマン家に帰り、繁子の卒業を見届け、一足先に彼女の卒業証書を預かって帰国した。『自叙益田孝翁伝』には、外吉が彼女の卒業証書を携えて、兄の益田孝宅を訪れ、結婚の申し込みをしたことが記述されている。

ヴァッサーの音楽的環境

ここで十九世紀という時代の音楽的風潮とヴァッサーの音楽会を例に、繁子がどのような音楽的環境にいたかを述べてみよう。

当時は現在のように交通手段も発達しておらず、オペラ団や演奏家なども限られた大都市しか巡演せず、ましてやCDなどはないので、音楽を聴きたければ自分で弾くしか方法がなかった。繁子が渡米した頃のアメリカでは、四年にわたる南北戦争が終わり、市民生活にも余裕ができて、人々の気持ちにもゆとりが出てきたため、音楽に対する関心が急激に高まってきたのである。

どこの家の子女もピアノを習いだし、今でいうホーム・コンサートが流行した。ピアノの大衆化の始まりであった。ピアノという楽器を囲み、家族が団欒したり、訪問客があれば弾いたり、その伴奏で歌ったりした。山川捨松のホストファミリーに宛てた手紙には、繁子と一緒に訪問した家で、逆に「ピアノを弾いて」と求められ、二人が一生懸命に弾いたら、わりとよく弾けた。「シゲは素晴らしい弾きっぷりだった」というくだりがある（前出『鹿鳴館の貴婦人大山捨松』）。

こうした要求に応えるために、ピアノ曲以外の管弦楽曲、オペラのアリア、歌曲や民謡に至るまで、軽く美しい旋律の音楽が続々とピアノ曲に編曲され、たくさんの楽譜が出版されたのであった。

そのために、一八三〇年頃までピアノ音楽の主流を占めていたピアノ・ソナタは次第に人気を失い、耳に快く、柔らかく響くロマンティックな「即興曲」「夜想曲」「幻想曲」や、また有名な歌曲や民謡をもとにした「変奏曲」、軽快なロンドやワルツが好まれるようになった（前出『ピアノの誕生』）。そうした傾向はヴァッサーの音楽科コンサートのプログラムにも顕著に見られる。

また繁子の三年間の在学期間（一八七八〜八一）についてみても、大学教育といっても、最初のうちは、その内容は家庭音楽の延長にあるといってよい。当時のアメリカはまだ独自の芸術作品を持たず、音楽教育もヨーロッパ流の英才教育ではなく、市民の家庭の中で楽しむ音楽という観点から出発している。そこがアメリカらしい。繁子の弾いた曲などもその表れであろう。しかし最終学年になると、さすがにベートーヴェン、モーツァルト、メンデルスゾーンなどのソナタや、協奏曲がレパートリーに取り入れられていく。

次に歌唱、ピアノ演奏を通じて最も多く選曲されているのは、メンデルスゾーンの作品であった。とくにピアノ曲集『無言歌』はコンサートのたびごとに必ずレパートリーとなっている。この小品は彼の二十一歳から三十六歳までの十五年間の間の、折りにふれて興の赴くままに書かれたもので、四十八曲集められている。『無言歌』はピアノで奏される歌詞のない歌曲にほかならない。

私の子ども時代もピアノの先生に最初に貰った『無言歌』の中の曲は、三曲ある『ヴェニスの船歌』の中の作品三〇の第六番だった。「カンタービレ」との指示で、八分の六拍子の流れるように美しい曲である。

というわけで、この曲集は現在でもピアノの発表会などで、人気を保ち続けている。

二番目に多いのはシューベルトとショパンだが、前者はほとんど「即興曲」の類で、後者はロンド、ワルツ、ノクターン、ポロネーズに集中している。そしてその中に一、二曲のソナタと協奏曲が加わるというのが、平均的なプログラムの構成だが、この場合はベートーヴェンが圧倒的に多い。クレメンティも人気がある。その他現在ではもうすっかり忘れられているが、十九世紀に活躍した、主としてピアニスト出身者の作曲した作品が目につく。たとえば繁子の最後のコンサートの際に、ミス・ショーが最後を飾ったヒラーの『ピアノ協奏曲嬰ヘ短調作品六九』やヘンゼルトの協奏曲なども取り上げられている。

一方声楽は、メンデルスゾーン、ベッリーニ、ドニゼッティ、キュッケン、バッカイ、リッチ、アプト、ラフなどの作品が取り上げられているが、現在の声楽の初学者が必ず学ぶといってもよい『イタリア古典歌曲集』（Alie Antiche Italina）所収の歌曲はほとんど歌われておらず、ヘンデルの『私を泣かせて下さい』（Lascia chio pianga）および『樹木の陰で』（Ombra maifu <Largo>）が目につく程度である。

それにしても当時はまさに「現代音楽」を聴き、演奏しているということになろう。人気のメンデルスゾーン（一八四七年没）もショパン（一八四九年没）も、そしてシューマン（一八五六年没）にしても、まだ死後二、三十年くらいしか経っていないし、声楽のほうのドニゼッティ（一八四八年没）やベッリーニ（一八三五年没）にしても例外ではなく、ましてやリストやワグナーはまだ健在であった。

渡辺裕氏によれば、十八世紀には多くの人々にとっては、音楽といえば同時代の音楽のことであり、十九世紀に入ってやっとバッハなどバロック時代の作曲家の音楽も取り上げられるようになってきたのだという（渡辺裕『聴衆の誕生』）。それゆえ前述の『イタリア古典歌曲集』所収の歌曲なども、忘れられていたのが、やっといくつか歌われるようになってきたというわけか。

繁子が学んだ当時のヴァッサー・カレッジの音楽的傾向は以上のようなものであったが、田舎の寺子屋で読み書きをいくらか習っただけで、現代のように、特にピアノの才能を見出されて留学したというわけではない彼女が、明治期の日本人の血がなかなかなじめなかったに違いない西洋音楽に挑戦し、アメリカ入学生の中でただ一人の東洋人として卒業を果たしたことの意味は大きいと思う。ゆりかごの頃から西洋音楽を身体で聴いて育った学友と肩をならべて、まったく異種の邦楽を聴いたか、あるいは渡米するまでは一切の音楽と無縁であったかもしれない繁子が卒業証書（Diploma）を取得したのである。

彼女の卒業の年（一八八一）の音楽科在籍者は全部で二十七名であるが、三年間在籍しながら卒業できなかった者六名、一年間だけ在籍して消えていった者八名、二年でいなくなったのは二名である。三年間在籍して卒業証書を取得したのは、結局六名であり、このうち二名は一八七八年以前に入学してすでに教養学士の学位を取得しており、そのためストレートに卒業したのは、繁子をも含めて四名でしかない。あとの五名は不明である。その背景には入学志願者の学力不足があり、これが初期の女子カレッジの最大の悩みであった。その対策としてどの大学も予科を置いて準備教育に力を入れねばならなかったのである。

もっとも脱落組も学費の問題など一身上の都合で辞めた人もあろう。留学生にはその心配がなかったから、学業に専心できた幸いもあるが、本当に繁子はよく頑張ったといえる。ふだん快活そのものの彼女は、心から大学生活を愉しみ、アメリカ人学生の中に溶け込んでいたが、ふと国費留学生としての責任を意識し、心が震えることもあったろう。

近況と学業報告

以上述べてきた繁子と山川捨松の学業生活のあらましは、まずヴァッサーの学長・教授からノースロップ教育長に連絡され、そして教育長から北海道開拓使長官黒田清隆に報告された。

ではまずヴァッサー・カレッジ学長S・L・コールドウェルから一八八〇年四月七日付けで、ノースロップ教育長に宛てた手紙を紹介しよう。

拝啓　貴方が当カレッジに入学させられました日本からの若い淑女たちは、二学年の終わりに近づいております。彼女たちは引き続きその性格と行動において高い水準を保っております。学業についても、彼女たちのそれぞれの教師たちから、極めて満足すべき報告を受けております。彼女たちはその勤勉さと学業に示した進歩のおかげで、それぞれの教師に気に入られ、またその真摯さと愛らしさで、学友に好かれております。（中略）

彼女たちがこのように幸先よく始めた学業を、もし何かの支障があって完了できないようなことにでもなれば、大変残念です。私は彼女たちが日本に帰った暁には、アメリカの大学が、女子教育で何ができるかをきっと示してくれるものと、期待しております。

そしてノースロップ教育長からは、一八八〇年八月九日付けで、はるばる海を越えて、黒田清隆に次のような報告が届く。


私はミス・ナガイとミス・ヤマカワが引き続き健康を維持し、学業に成功を収めつつあることをお知らせできることを喜んでおります。

彼女たちはクラスでも上位に立ち、その優れた行動と学業によってヴァッサー・カレッジの学長と教授陣に強く気に入られております。

先月私は彼女たちをサラトガ・スプリングズ（ニューヨーク州東部の観光地）とナイアガラへの大変興味ある旅行に連れていきました。彼女たちは大いに楽しみました。

以上は多少社交辞令的な報告であるにせよ、留学生のことは職員室などでもよく話題になったようである。繁子と捨松のことを褒めない教授はいなかったという。学業成績もさることながら、彼女たちの人柄の

Copy
State of Connecticut, 022
Home Office Sec. Bd Education,
Clinton, 188
Vassar College
Poughkeepsie N.Y.
April 7. 1880.
Hon. B. G. Northrop,
My Dear Sir.
The young ladies from Japan, whom you have placed in College, are now approaching the end of their second year. They continue to maintain the high standing in character & conduct, as well as in study,

State of Connecticut, 024
Home Office of Secretary of Board of Education,
Clinton, Aug 9 1880
Genl Kiyotaka Kuroda
My Dear Sir.
It gives me much pleasure to inform you of the continued health & great success of Miss Yamakawa & Miss Nagai in their studies. They stand high in their classes & are very strongly commended for their most excellent conduct & scholarship by the President & Faculty of Vassar College.
During the last month they took a most interesting journey to Saratoga Springs & Niagara, which they

上：ヴアッサー・カレッジ学長コールドウェルから、ノースロップ宛ての繁子、捨松の学業報告書
下：ノースロップ教育長から黒田清隆宛て、繁子、捨松の近況と学業報告

良さが繰り返し語られたようだ。

繁子はあの広いチャペルの会場で、シーズンごとの学内コンサートの出場経験を重ねるにつれ、ある種の華やかさと度胸とを兼ね備えた、音楽学生特有の雰囲気を漂わせてきた。捨松は学生委員長に選出された。

当時の写真を見ると、山川捨松は、帰国して大山夫人となってからの写真とはやや違い、大人びてはいるが健康そうで、繁子のほうは丸顔の愛くるしい表情で収まっている。

左から捨松、繁子、学友のマーサ・シャープ

第四章　文部省音楽取調掛

洋楽史の中の繁子

日本の西洋音楽受容の歴史は、初代東京音楽学校校長の伊沢修二がアメリカの師範学校に留学し、その縁からアメリカ人音楽教育家メーソンを日本に招聘したことに始まる。伊沢以前にすでに森有礼がその道をつけていたことも近年よく知られてきている。同時期に、本書のヒロイン瓜生繁子が、日本女性として初めてアメリカの大学でピアノを学び、その成果を持ち帰ってピアノ教師第一号となった。そして弱冠二十一歳で、有名な幸田延などの才能を育て、西洋音楽導入期の教育に貢献したが、そのことは今日に至ってもほとんど顕彰されていないのが実情である。

東京音楽学校の前身である文部省音楽取調掛の初めての卒業式で、幸田延はウェーバーの『舞踏への勧誘』を演奏した。この曲を晴れの卒業式のために選曲し、指導したのは繁子である。ところで、二、三の著書の記述には、繁子の演奏技量を「ほんのお嬢様芸」「アマチュアレヴェルに近いもの」という観点でしか捉えていない。そもそも学んだのがアメリカでは、というニュアンスも感じられる。しかし今から百三十年も前のこと、時代のレヴェルというものがあろう。現代と比較するほうが無理なのではないか。何ごとも、歴史の流れの中で評価すべきだろう。今ではまったくポピュラーな『舞踏への勧誘』も、当時の日本では繁子以外には弾きこなせる人はいなかっただろう。この曲は次世代の幸田延に託した、繁子からの贈り物であったろう。そして幸田が師である繁子をじきに飛び越えてしまったのも時代の必然であった。

二〇〇八年新年早々、東京藝術大学は創立百二十周年記念行事として『芸大はアメリカから始まった』というシンポジュームを開催した。その基調報告で、大学史担当学術研究員の橋本久美子氏が「きっかけはアメリカ」として、瓜生繁子を洋楽史の観点からの先駆的な人物として紹介された。これで繁子が少しでも公に知られることを、期待したいものである。

帰国〜日本語を忘れて

一八八一年十月十五日付けの『サンフランシスコ・クロニクル』紙は、次のような永井繁子帰国の記事を掲載した。

汽船オーシャニック号の西方への航海に際して、永井繁子という東京生まれの二十歳前後の女性が乗船した。十年前日本国政府は教育を受けさせるために、彼女を米国へ派遣（ママ）したのである。ミス・ナガイはフェアヘヴンのジョン・S・C・アボット一家に引き取られ、一八七八年にアボット氏が亡くなるまで同家に滞在した。アボット一家との関わりから、彼女はニューイングランドの有名な文学者の家族と親しくなり、生活習慣にとどまらず、ともに暮らした人々の精神をも学びとったのである。彼女はロングフェロー一家とも知り合いとなり、またニューイングランドの多数の若い女性の親しい友となった。彼女たちはこの若い外国人を優しく、誠実で、愛情に満ち、なおかつ類まれな知性を併せ持つ魅力的な女性だとみていた。

一八七六年にアボット氏が亡くなると、その二年後、ミス・ナガイはヴァッサー・カレッジに入学した。彼女は先学期が終了するまでここで学び、音楽科を卒業し、文学についても深く学んだ。今や彼女は優雅な女性に成長した。彼女は小柄で、明るく知的な容貌をしており、その振る舞いは洗練されているが、気どりがなく、服装はきちんとしたアメリカ風である。彼女は日本語をほとんど忘れている。理解もおぼつかないし、話せる言葉もわずかである。一方英語はやすやすと流暢に話す。彼女は心底完全なニューイングランドの若い女性なのである。彼女はこう話す。「女性や母親たちが教育を受けるようになるまで、日本が先進国になることはないでしょう。そして日本人女性が十五歳から二十歳という、学校へ通うべき年齢で早くも結婚する限り、決して教育を受けることはできないでしょう」と。

繁子は『サンフランシスコ・クロニクル』紙の記者のインタビューに対して、日本の近代化にとって教育というものが如何に重要か、という信念をこのように披瀝して、十年前岩倉使節団とともに大歓迎のうちに上陸したサンフランシスコを後に、オーシャニック号上の人となった。彼女が故国の土を踏んだのは十月三十日のことであった。

秋も深い日本に戻った繁子は、品川御殿山の邸宅に住んでいる兄益田孝のもとに身を寄せた。彼は年の離れた娘のような妹に、自分の夢を托した責任のようなものを感じたであろう。彼は繁子が帰国した当時のことを『紀念記』の中で次のように語っている。

帰朝せし時はまったく日本語を忘れ、ただ「猫」という一語を記憶してゐるのみ、発育盛りの十ヶ年を外国にありては、日本語を忘るも無理ならず。余がすべて通訳の労を執り、徐々に日本の言語風俗に馴れしむるやう努めたれども、米国にて受けたる教養が深く身に沁みて、手紙も英文その他何事にても、中年より日本に来たりて育ちたる米国人の如く思はれたり。

明治初期のアメリカ流学校教育

繁子ら三人が米国留学を終えて帰国した一八八一～八二（明治十四、十五）年当時の日本は、近代国家建設という大事業に向けて国中が一種の熱気をはらんでいた時代であった。そのため、あらゆる分野の指導者が必要とされていたから、繁子の兄益田孝が『紀念記』の中で「**繁子の帰朝せし時は、我国運は駸々として進みたり。西洋文化を輸入せし時なれば、米国にて学びたる女子は大歓迎にて、彼方此方の学校より依頼せられて音楽及び英語の教鞭を執りたるが…**」と述べているように、彼女はまさに引っ張りだこの状態だったことがわかる。

初期における明治新政府のいわゆる近代化推進のモデルとしては、欧州の先進国などよりも、ペリー以来親日的とみられていた新興国アメリカのほうがふさわしいと考えられた。一八七〇（明治三）年に大学南校（東京大学の前身）からイギリス留学を命じられた目賀田種太郎や、開拓使からロシア留学を命じられた山川捨松の兄健次郎なども、留学先をアメリカに変更した組である。

アメリカはプロテスタントの宣教活動をアジア諸地域で押し進め、日本にも多くの伝道者を送り込んでいる。その関係で、それらの人脈を通じて、フルベッキ、マレー、グリフィス、スコット、メーソン、クラークなどの教育関係者らが続々と来日した。当然のこととして当時の日本の教育制度・理念は米国流を範としたのである。繁子らが渡米した翌年の一八七二（明治五）年には「学制」が発布され、近代的学校制度がスタートする。太政官布告第二一四号の「仰せ出され書」は「人民必ず邑に不学の戸なく、家に不学の人なからしめんことを期す」と、教育の機会均等を謳い、「自らその身を立て」として、個人を完成させることを教育の目的として掲げたように、驚くほどに開明的な内容であった。

では女子教育についてはどうであったか。一八七二年二月（明治四年十二月〜五年一月）、官立の東京女学校が竹橋に開校された。同校は竹橋にあったので、竹橋女学校とも呼ばれた。当時の新聞が「**米国ニ留学セシ五女子［繁子ら］ニ劣ラザルヤウ督責シ、…成業ノ上ハ、婦女ノ模範、父兄ノ面目ナルベシト或人語レリ**」と述べているように、同校の目標はアメリカに派遣した女子留学生に匹敵するような人材の養成であると捉えられており、教育内容も男子の中学と水準的に変わらず、英語が最も重視され、グリフィスの姉マーガレット・C・グリフィスほかのべ二人の女性外人教師が教育に当たった。生徒は鳩山春子（鳩山和夫夫人）、渋沢歌子（穂積陳重夫人）、渡辺筆子（石井亮一夫人）、中村専（高嶺秀夫夫人）などであった。

女子教育と「モルレー申報」

アメリカ駐在公使森有礼は一八七二（明治五）年に日本の教育の在り方について、アメリカの学者、教育者に意見を求めた。彼はその質問に対する十三人の回答をまとめて『日本の教育』(Education in Japan. 1873) と題し、英文のままニューヨークで出版した。文部省は「学制」の実施に当たってアメリカ人の顧問を招くことにしたので、森は質問の回答のとりまとめ役であり、自らも質問に回答を寄せたノースロップに来日を打診したが、彼はコネティカット州教育長を辞めたくなかったので、その話を断わった。しかし彼は在米中の三人の女子留学生、山川捨松・永井繁子・津田梅子の世話を親身になって見てくれたのであった。

そのノースロップの代わりに来日したのがデイヴィッド・マレー (David Murray, 1830-1905) であった。彼はユニオン・カレッジ出身で、一八六三年からラトガーズ・カレッジの数学・天文学の教授として十年間在職した。彼は「学制」の実施された一八七三（明治六）年八月に来日すると、文部省学監として、月給六百円という、文部省お雇い外国人の中でも破格の待遇を受けた。当時の女子教育振興には彼の進言が大きく影響した。

彼は日本の近代化を推進するためには、とくに女子教育が必要であることを強調し、したがって女教師養成の急務を説いた。その結果がのちの東京女子師範学校の創立だったのである。マレーは森有礼の質問に対する回答のなかで、女子教育の必要性を次のように説いている（青木光行『幕末維新期の女子教育』）。

女子教育は男子教育と同様に重要である。
女子は職務上、公的義務や活動的な仕事において、男子と同じような位置を占めるものではないが、女子固有の分野では、人間社会の一員として等しく重要である。それ故、女子教育は、男子教育と同様に念を入れて行なわれるべきである。女子は男子から受けのよい平等な仲間となるために、教養を身に付けなくてはならない。家庭の安楽と幸福は、大部分女子にかかわっている。それを洗練された文化的なものとするような手段を女子に供するのは、賢明に属する事だろう。感じやすい年頃の間、子供たちの面倒をみたり監督したりするのは、当然女子の職分であるし、一国の未来の成人男女となるべき者の保護者たる女子は、男子と共通の配慮をもってよく教育さるべきなのである。

当時の文部省首脳は教育改革にはかなり急進的であったが、マレーのほうは漸進主義を採った。彼が日本全国の小中学校など各地の教育事情を視察して、報告書として文部省に提出したのが「モルレー申報」（一八七五〈明治八〉）である。彼はその中で東京女学校について、教師志望の女子を入れ、ゆくゆくは師範学校とするのがよいと言っている。

東京女子師範学校の設立

一八七四（明治七）年三月十四日に「**今般第一大学区東京府下ニ於テ女子師範学校設立致候此旨布達候事。但生徒募集ノ方法等ハ追テ可相達事**」という文部省布達第九号が出され、女子師範学校が創立された（開校は一八七五年）。創立当初の校長は中村正直で、生徒は全員官費生であった。教育内容は五年制で、教員養成だけを目的とはせず、高等普通教育としての女性の教養を高めるもので、普通の女学校の性質を帯び、自由な空気があった。しかし授業は厳しく、百人募集して応募者百九十三人のうち、合格者は七十四人で、年齢も学力もまちまちであった。数学を学ぶにしても、アラビア数字を知っているだけの者が大多数を占めていた。その中で一八七九（明治十二）年に第一回生として卒業できたのは、十五人だけだった。アメリカでも初期の女子大学当局の泣きどころは、学生に学習意欲はあっても、基礎学力が不足していることで、名門のヴァッサー・カレッジでさえそうだった。

学課は地理、歴史、物理、修身、化学、養生書、経済学、博物学、教育論、数学、習字、作文などで、音楽と体育はまだ空白であり、一足先に設立された東京女学校が重視していた英語の科目もなかった。しかし一八七七（明治十）年に東京女学校が廃校となり、女子師範に吸収された時、鳩山春子ら東京女学校の生徒のために、別科として英学科を設け、英語の学習を続けられるよう取り計らいはした。けれども同校は唱歌教育を実施した先進校で、同校付属幼稚園では、文部省が音楽取調掛を設置するよりも二年早く、一八七七（明治十）年十一月より洋楽の研修を受けた伶人による唱歌教育が始まっていた。

東京女学校の廃校〜脱アメリカ

さて日本にもついに女子の高等教育機関として、東京女学校と東京女子師範学校が設立された。しかし明治政府の教育行政は、開明的な意見と、それを快く思わぬ保守派との権力争いによって翻弄され、猫の目のように変わり、アメリカの女子教育を範として設立された近代女子教育史上ユニークな東京女学校は、一八七七（明治十）年に廃校となり、在学生は東京女子師範学校に編入された。もっとものちに同校は復活し、帰国して五年後の繁子は同校で教えることになるのである。

それとともに、教育におけるアメリカ一辺倒の方針も大きく変化した。鳩山春子は一八七九（明治十二）年五月十三日付で、ほか二名とともにアメリカのフィラデルフィア女子師範学校留学の辞令を受けた。ところが準備も終え、七月二十日出発と決定していたのに、突然留学は取り消しとなる。春子は、アメリカ流の女子教育に反対する閣僚が、「女子が米国の教育に深入りするのは我が国風に適しないだろう」と強く主張したゆえだと、自叙伝で述べている。以後米国への官費留学は後を絶ち、イギリス、フランスをも上回って、ドイツ留学が激増するのである。

西洋音楽の導入と伊沢修二

前述のように「学制」による近代学校制度がスタートし、全国各地に小中学校が開校され、音楽（唱歌）も正課に加えられたものの、それには「当分之ヲ欠ク」との但し書きがあり、教えられる人材も教材も未だなかったのである。

一八七五（明治八）年七月、当時愛知県師範学校長であった伊沢修二と慶應義塾の高嶺秀夫、また同人社からは神津専三郎の三人が「師範学科取調」として、監督官の目賀田種太郎に率いられて、他の八名とともに米国に留学したことは第二章で述べた。この三人は繁子の二十年に及ぶ在職中、いずれも一時期を同僚として、また上司として共に働いた、明治の教育界を代表する忘れ難い人たちである。同年八月二十六日に米国に到着した三人は、別々の師範学校に入学手続を取る。後に繁子の音楽取調掛時代に最初の上司となる伊沢修二は、ボストン郊外のブリッジウォーター師範学校へ入学した。

同校に入学した伊沢修二は、ほとんどの学課で中以上の成績を保つことができたのだが、西洋音楽だけは難しく、ドレミの音程がなかなかとれず、閉口したと述懐している。彼はある日校長に呼ばれて、「君、西洋音楽と東洋のそれは音律というものが違うので、無理もない。音楽の単位は免除しよう」と言われ、悔し涙にくれたと後に回想しているが、その後彼は当時ボストンで音楽の初等教育家として著名であったルーサー・ホワイティング・メーソン（Luther Whiting Mason, 1818-97）を知った。

一八七八（明治十一）年四月八日、伊沢は目賀田種太郎との連名で文部大輔田中不二麿宛てに、「音楽取調事業ヲ行フベキ上申書」を提出した。その進言が実って、一八七九（明治十二）年十月、音楽取調掛《とりしらべがかり》が文部省の一掛として誕生した。その場所は文部省学監マレーの居館であった本郷本富士町である。初代音楽取調掛長には伊沢修二が就任した。彼はさっそく、掛の三大事業を次のように打ち出した（東京新聞出版局編『上野奏楽堂物語』）。

一、東西二洋ノ音楽ヲ折衷シテ新曲ヲ作ル事［西洋の親しみやすく、日本人の感性にあったメロディーに日本語の歌詞をつけて、日本の歌とすること、次に西洋音楽の理論で日本の音を素材に新曲を作ること］。

二、将来国楽ヲ興スベキ人物ヲ養成スル事。

三、諸学校ニ音楽ヲ実施スル事。

こうして、彼はようやくアメリカで会ったメーソンの招聘にこぎつけた。一八八〇（明治十三）年三月二日、メーソンは早春の日本に着任し、五月に入ると彼の手配で、ピアノ十台、英語版バイエル教則本二十冊を含む楽譜・図書類がはるばる米国から送られてきた。音楽取調掛の職員は、それらの荷ほどきや配置に沸き立つようであった。

最初の事業は急を要する教材作りから着手した。そして十月に第一期伝習生二十二名を入学させた。伝習生は十二歳から四十四歳の主婦までさまざまであった。次に彼らを列記する。

鳥居　忱《まこと》（二十五年六カ月、栃木県士族）
古筆文（三十一年、東京府平民古筆了伸長女）
馬場カネ（四十四年十カ月、既婚、東京府平民馬場逸斉妻）
板倉種（十八年、東京府華族）
加藤サダ（三十六年七カ月、既婚、神奈川県士族加藤景直妻）※後出の加藤貞と同一人物
上野鈴（十三年、東京府士族上野義男長女）
米田テウ（十四年三カ月、既婚、静岡県士族米田俊徳妻）
遠山甲子（十四年一カ月、静岡県士族遠山政友次女）
市川道（十二年一カ月、東京府平民市川惣太郎長女）
林栄（十九年八カ月、東京府平民林新助長女）
林蝶（十四年十カ月、同次女）

内田久仁（三十三年一カ月、東京府士族内田正雄後家）

市川米子（三十七年、既婚、東京府平民市川惣太郎妻）

中村専（十七年九カ月、東京府士族中村清行長女）

宮内庁雅楽部伶人

奥好義《よしいさ》、安倍秀功、辻則承、林広継、上真行《さねみち》、小篠秀一、多久随、山登松齢

右のように、雅楽部伶人が八名も応募している。彼らは日本の伝統音楽ではすでにプロの音楽家であった。

宮内省雅楽部子弟の活躍

実は繁子の帰国以前にも、ピアノを弾く人間はすでに日本にもいたのである。というのは、明治新政府は国際化に伴い、宮中での洋楽演奏の必要を感じ、一八七四（明治七）年に宮内省雅楽部の伶人たちに洋楽の習得を命じた。彼らは海軍軍楽隊長フェントンに一年間師事し、一八七六（明治九）年十一月三日の天長節の宴会で最初の演奏を行った。さらに伶人の芝葛鎮《ふじつね》、奥好義、辻則承、小篠秀一の四名は一八七九（明治十二）年三月四日付けでピアノの練習を始め、ドイツ人の松野クララからピアノの手ほどきを受けるようになっていた。そのようなわけで、芝を除く三人は、洋楽の学習を続けるために、五人の同僚を誘って受験したのであろう。メーソンは、「どこの国でも新たに外国の音楽を導入する際は、その国の伝統音楽家が反対するのが普通だ。現に自分も日本に来る以上、多少の反対は予期していたのに、伝統音楽のプロの諸君が真っ先に伝習生として応募されたのはむしろ意外であり、うれしいことであった」と大変喜んだ（中村理平『洋楽導入者の軌跡』）。

彼らは雅楽を世襲とする古い家系に生まれ育ったプロである上に、西洋音楽の管弦楽のキャリアも積んでいたので、彼らの洋楽伝習の進歩は目ざましく、一年足らずのメーソンのレッスンで管弦楽法、オルガン・ピアノの調律技術などから和声学をも学び取り、作曲にまで手を染めだしていた。彼らは洋楽においても抜群の才能を発揮したのであった。そして小篠を除く三人までが、のちに音楽取調掛の助教員となった。

　メーソンに課せられた仕事は、これらの伝習生の指導のほかに、小学校唱歌の選曲、教材の作成、必要な楽器の調律、その合間をみての教育事情の視察と、かなりの忙しさであった。

　音楽取調掛の教則は音楽学校の体裁を十分に備え、一八八七（明治二十）年に東京音楽学校に移行した際にも、ほとんど手を加える必要はなかったくらいであった。修学科目は修身、唱歌、洋琴《ピアノ》、風琴《オルガン》、箏、胡弓、専門楽器、和声学、音楽理論、音楽史、音楽教授法で、修業年限は四カ年であった。学年は九月に始まって七月に終わり、二期制で、前期と後期に分かれていた。ただ文部省から男女共学に対する批判が起こり、一八八三（明治十六）年からは女子の入学が禁止されたが、一八八七（明治二十）年に復活した。生徒は最初の一年は伝習生として在学し、あとの三年は見込みのある者だけが見習生として残った。これを併せて全科といった。

　ちなみに一八八一（明治十四）年の九月には学習院でも唱歌教育が始まり、メーソンと彼の育てた伝習生が助教員として出向した。一八八二（明治十五）年に入学し、一八八五（明治十八）年に卒業した幸田延（幸田露伴の妹）も、明治女学校その他への出向の依頼を受けている。

繁子、取調掛洋琴《ピアノ》教師となる

繁子が帰国した翌年の一八八二（明治十五）年一月三十、三十一日の両日、音楽取調掛は昌平館（旧湯島聖堂）で「音楽取調ノ成績報告ノタメノ大演習会」を行った。両日とも好天で、皇族・華族のほか、太政大臣三条実美《さねとみ》、右大臣岩倉具視夫妻など、朝野の名士が参集し、繁子も益田孝の妹として招待された。彼女にとっては日本の音楽教育の現況を知るよい機会であったとともに、強烈な印象を受けた演奏会でもあった。歌唱やピアノの連弾などは、学んできたヴァッサー・カレッジでの音楽会とは比べものにならないが、「和洋折衷の音楽」、特に箏・三味線・ピアノのアンサンブルの見事さには、引き込まれるものを感じた。音楽取調掛の伝習生たちのほとんどが、入学前に日本の伝統楽器のうちの一つや二つを演奏する素養をすでに身につけている強みであった。箏曲の名手山勢松韻とピアノの奥好義の『六段』のデュエット、長唄『村雲』を山勢松韻の箏と加藤貞の三味線と奥好義のピアノで演奏するという組み合わせに、繁子はその時自分が日本人でありながら、自国の音楽をまったく知らぬという矛盾を意識しなかったろうか。

ここで繁子が「自国の音楽をまったく知らぬという矛盾」の背景について、少し読者の方々とともに考えてみようと思う。

繁子の幼女時代は、まさに戊辰戦争の最中で、幕臣の父も兄たちも東奔西走。当時の習慣通り稽古事を始める六歳となってはいたが、おそらくそのような余裕はなかったに違いない。明治の世となり、永井家に養女となった短い期間に、琴や三味線などの習い事をしたかもしれない。しかし「素養」というレヴェルにはなり得ないまま、以後アメリカに十年を過ごして、日本の伝統音楽にはまったくなじみがなかったと言ってよいのではなかろうか。

繁子にとって、邦楽はまさに異国の音楽に等しいものであった。繁子は初めて聴く日本の伝統音楽をどう受けとめたのであろうか。

さて、この大行事の後、彼女は三月二日付で「**音楽取調掛ニ於テ教授向ヲ嘱託シ年俸金三百六拾圓給与ノ事**」という辞令を受けて、メーソンを助ける最有力人物として、音楽取調掛に迎えられた。時に繁子二十一歳、まことにタイムリーな帰国であった。

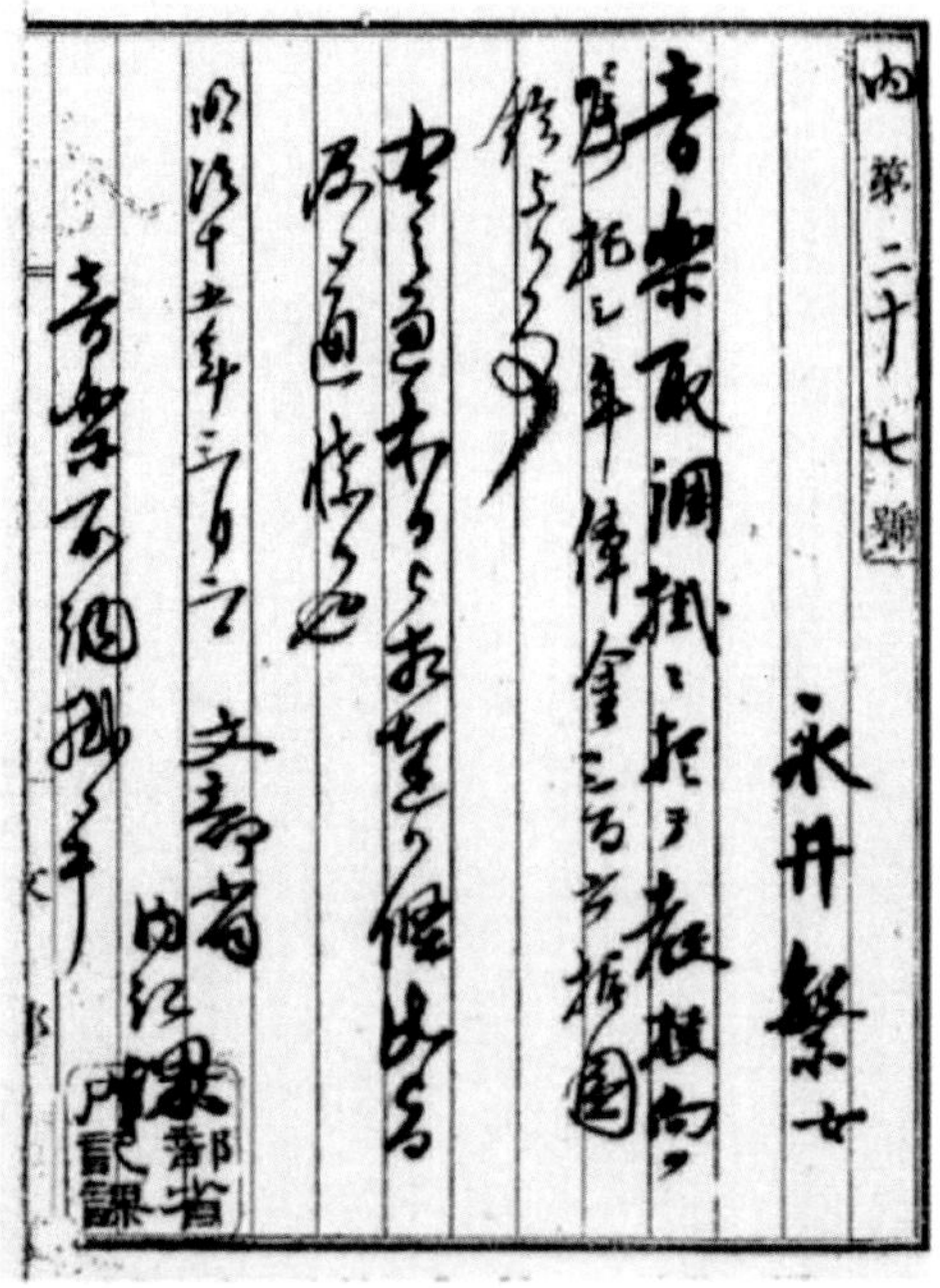

文部省音楽取調掛の採用通知（東京藝術大学図書館蔵）

この演奏会をきっかけとして、音楽取調事業は軌道に乗り始め、各掛員の持ち場は多忙となった。伊沢掛長は一八八二（明治十五）年の新学期に当たり、授業外の研究調査と唱歌編纂のための事務内規を設けた。火・木・土曜日を集会日とし、火曜日は日本在来の楽曲と本掛員新作の歌曲取調に従事する日、木・土曜日は学校唱歌取調の日と決めたのである。掛員のそれぞれの担当は次の通り。

雅楽ノ部　芝葛鎮、上真行、辻則承、奥好義
俗楽ノ部　山勢松韻、内田弥一、加藤巌夫
選歌　里見義、加藤貞、鳥居忱ら
学校唱歌楽曲の選定　メーソン以下掛員全員
楽曲の分析　芝葛鎮、内田弥一、神津専三郎
歌詞　里見義、加藤巌夫、鳥居忱
新曲や学校唱歌の和声づけ　メーソン、繁子（助手）

しかし彼女はすぐにピアノ教授だけに専心したようである。メーソンにとっては、仕事の助手が米国帰りの英語を流暢に喋り、専門教育を受けた繁子なら、願ったりかなったりであったはずである。メーソンには

通訳として岡倉覚三（天心）や伝習生の中村専が常に付いていたが、岡倉は伊沢修二とそりが会わず、繁子と入れ違いのようにして辞めてしまった。だがメーソンにとって、繁子とのコミュニケーションに通訳は必要なかったし、仕事上のほかにも、故国のことなど、共通の話題にもこと欠かなかったであろう。上司の伊沢修二も幹事の神津専三郎も同じ米国留学組なので、すっかり日本語を忘れてしまった繁子も、音楽取調掛の職場の雰囲気になじみやすかったことと思う。

そして何よりも、言葉はなくとも通じる「音楽」という武器が、繁子を幸運児にしたといえよう。博学であった神津専三郎の多くの蔵書の中には、繁子のヴァッサー在学中の音楽科長リッター教授の著した『音楽の歴史』も混じっている。何かの拍子にリッターのことなどが両者の間で話題になったかもしれない。彼女も音楽史の授業で、リッター教授からじきじきに学んだに違いないからである。

アメリカ人メーソンの解雇

瓜生夫人つまり我らのミス永井が、貴方の音楽学校の卒業演奏会で三人の素敵な少女たち、幸田、遠

いよいよ繁子は一週三回（ただし一回四十五分）のピアノの教授を新学期から開始する。メーソンは『バイエル』を使ったが、彼女はドイツ人カール・ウルバッハが編集し、母校ヴァッサー・カレッジのピアノ教授エルザ・M・ウィリーが英訳した『*Prize Piano School*』を使った。これはリッター教授も推奨している教則本であった。

繁子は慣れない母国の暮らしに戸惑いながらも、はやくピアノの師について研鑽を続けたかったが、当時の日本には彼女の学歴を上回る日本人の師はいなかった。外国人はどうか。メーソンは音楽全般の指導者ではあったが、ピアノ演奏に関しては繁子のほうが上であったろう。故中村理平氏は、日本ハリストス正教会員の大沼魯夫が「永井繁子は、チハイ（Jakof Dimitrievich Tihai, 1844-87）ピアノを習っていた」と証言していると述べているが（中村理平『キリスト教と日本の洋学』）、チハイは駿河台のロシア正教会（ニコライ堂）で音楽を指導し、チェロ奏者としての技量もあったし、時期的にはチハイの在日期間と、まだ繁子が新婚で身軽であった時期とはたしかに一致するので、そうしたこともあったかもしれない。

今まで何もかもがメーソンの肩にかかっていたものが、繁子が参加したことでずいぶん楽になった。それとともに、彼の立場は多少微妙なものになってきた。たまたま彼はこの時、七、八カ月の賜暇を願い出たの

である。その理由は、彼が米国で著述した音楽教科書や音楽掛図が、放っておけば時代遅れの廃物になってしまうので、それらを改訂したいから、というものであった。

メーソンはその申請書の中で、彼自身が不在でも他校への出張授業は助教員で十分であり、ピアノの教授も永井繁子と他の助教員もいるのでまったく心配はいらない、と書いているが、これがメーソンの誤算であった。実は掛長の伊沢修二の考えがまさにその通りだったのである。

メーソンはよき教育家ではあったが、芸術家ではなかった。音楽取調掛にとっては、そろそろ彼から学びとることは終わったという事情が読みとれる。ちなみに彼の月給は二百五十円であった。これは当時の音楽取調掛の一年間の予算の四十パーセントを超える額だった。掛職員十四名分の月給が二百四十六円で、繁子の月給がその内の三十円である。

彼の賜暇帰国演奏会が盛大に行われたのは一八八二（明治十五）年七月一日のことであった。その日は土曜日で、東京師範学校、女子師範学校とその付属小学校、幼稚園生徒、学習院生徒、取調掛全員が昌平館に集まった。演奏会は多くの来賓と「人員ヲ限リ衆人ノ来聴ヲモ許シテ」始まった。ここで繁子もピアノを演奏し、受け持ち担当としても名前が出ているが、いずれも演奏曲名の記載がない。この演奏会は、帰国以来の彼女のピアノの指導力を問われる出発点ともなった。生徒が自分が指導したように弾いてくれるかどうかは、新米教師にとって気になるところである。

盛大な送別演奏会に見送られて、一時帰国のつもりで帰国したメーソンであったが、同年十一月には日本から解雇通知が届いて、彼にとって再び来日の機会はなかった。メーソンと繁子の協力関係は、わずか四カ月にすぎなかったが、後に音楽取調掛の初の全科生の卒業式典で、掛長伊沢修二がその挨拶の中でメーソンの功績を讃えたことを、心優しい繁子はさっそく手紙に書いて、彼に知らせた。メーソンは大変喜んで、一八八五年十月十八日付の伊沢修二宛ての手紙にそのことを書き添えている。

山、市川が大成功だったことを知らせてくれました。また上野に引っ越されたことも彼女は書いてきました。彼女は貴方が卒業式の折り、たいへん親切に私のことに言及されたということも伝えてくれました。

ドイツ人音楽家エッケルトの就任

繁子は、文部省音楽取調掛に勤めるようになって、初めての日本の夏を味わった。あのニューイングランドの爽やかな夏と比べて、ひどく蒸し暑さを覚えたが、健康で若い彼女は職場の熱い期待の眼差しに、心身ともにパワーがみなぎってくるのを感じていた。また父親のように優しかったアメリカ人音楽家メーソンがいないことに感じた心細さもすぐに吹き飛んで、新学期を迎えた。

メーソンの後任には、海軍軍楽隊を指揮しているドイツ人のフランツ・エッケルト（Franz Eckert, 1852-1916）が兼任となった。彼はハイドン、ベートーヴェン、シューベルト、ワーグナーなどのドイツ系音楽を管弦楽用、合唱用に編曲して紹介したし、また『哀《かなしみ》の極』という葬送マーチは彼の作曲で、昭和天皇の葬儀の時にもこの曲が使われた。

伊沢掛長は彼に期待した。彼は管弦楽法と和声の教授に当たるという。それと「和洋音楽を折衷して国楽を興す」よき協力者になってくれることを特に期待したのであった。

そもそもエッケルトが海軍軍楽隊に雇い入れられたのは、ドイツ領事の売り込みも功を奏したのだという。

「独逸国之楽師意外ニ熟達シ、已ニ欧州第一等ニ位候程ニ進歩候由伝聞仕候間、過般独逸領事ニ面会之節、実際承候処、右楽師米国費府博覧会ニテ声誉ヲ得候以来、欧州諸邦一周候処、頗ル賞賛セラレシ候趣（ドイツ人の音楽家は今や欧州でも一流であると聞いていたが、実際にドイツ領事に聞いてみたら、この音楽家〈エッケルトのこと〉はアメリカのフィラデルフィアの万国博覧会で名声を獲得してから後、ヨーロッパ諸国を一周したが、至る所で賞賛されたとのことである）」との、軍務局長の海軍大佐林清康のドイツ出身の音楽家への強い認識が、すでにメーソン着任以前の一八七八（明治十一）年頃に芽生えていたことに改めて驚かされるのである。しかしこの傾向に関してはもう少し先の話として、ひとまずこれで終わろう。

繁子は去る七月のメーソン送別演奏会で、自分の受け持ちの生徒らが聴衆の前で懸命に弾く姿に、ヴァッサー時代の自分を重ねたことであろう。また彼女は二週間後の女子師範学校の卒業式にも、式の入退場のマーチの演奏を依頼されて出向している。

この時の卒業式は、付属幼稚園から高女・師範合同であった。東京大学の外国人教師で、大森貝塚の発見者として知られるモース（Edward S.Morse, 1838-1925）は、「**私は幼稚園の子供達が、可愛らしい行進遊戯をしているのを見た。そのあるものは床に達するほど長い袂の、美しい着物を着た、そして此の上もなく愛くるしい顔をした者も多い大勢の女の子達は、まことに魅力に富んだ光景であった。…子どもたちはヴァッサー大学（ママ）卒業の永井嬢がピアノで弾く音楽に歩調を合わせて、中央の通路を進んだ**」と述べている。

その後でモースは「永井嬢と高嶺若夫人［中村専］を知っているので、庭を横切って彼等のいる部屋へ行き、そこに集まった学級の仲間入りをしてみた」と記す（E・S・モース著、石川欣一訳『日本その日その日』第三巻）。繁子はすでにモースともどこかで顔を合わせていたらしい。当時の帰朝者とお雇い外国人教師との交際の密なことを窺わせるエピソードである。

捨松と梅子〜帰国はしたけれど

この年一八八二（明治十五）年十一月、山川捨松がヴァッサー・カレッジを、津田梅子はアーチャー・インスティテュートを卒業して帰国した。三人の親しい関係は再び始まり、繁子は梅子と一緒にいつも築地のユニオン・チャーチに通っていた。しかし二人には繁子のようなお誂え向きのポストは待っていなかった。足踏み状態が続き、彼女たちはあせり始めた。彼女たちを幼い時分に留学させたことから生じた最大の誤算は、母国語を完全に忘れてしまったことであろう。

それでも山川捨松には、師範学校から生物教師の打診があった。とはいえ、日本語の読み書きがままならぬのでは、辞退するしかなかった。一年後、彼女は陸軍卿大山巌との結婚が決まり、女子教育のリーダーとしての夢はもろくも挫折してしまう。

繁子は一足先に帰国した余裕もあって、二人の身の振り方を親身になって心配したようだ。彼女は梅子をメソジスト系の築地の海岸女学校に紹介の労を取り、六週間という短期間ではあったが、英語教師の体験をさせてあげた。もっともあまりにも給料が低いので、梅子は不満であったが。彼女は「シゲはとても親切で、家にいつも招いてくれるので、何か贈りたい。彼女に銀のスプーンを買ってあげたいのだけれど」と、米国の寄宿先ランマン夫人に手紙を出している。

捨松と梅子は繁子の住んでいる家を訪問しては、仕事の話や日本の社会・習慣の不合理、そして何よりも女性の地位の低さを嘆いたが、繁子に「ここはアメリカではないの。日本なのよ」と諭されたり、慰められたりした。繁子にしても、捨松や梅子の嘆きは、一年前に自分が帰国した時に感じたそのままではあるのだが、彼女らと決定的に違うのは、繁子は今すでに自己を活かせるお誂え向きの職を得て、その職場を通してアメリカと日本の社会の違いを実地見聞しつつあるということだった。

思考方法も心情も、そして立ち居振る舞いも全きアメリカ人の女性として成人した繁子が、日本人男性ばかりの上司・同僚に囲まれ、女性教師としてなんとかやっているという事実は重要であろう。繁子という女性には、生まれついての柔らかで、しなやかな適応性というものが備わっていた。それは捨松や梅子よりもたち優っているかに見える。

後に捨松は別の世界の人間になってしまった感ありだが、梅子は繁子のように、教師として華族女学校や女子高等師範学校の教壇にも立ったことがある。しかしそれはごく短い期間しか続かなかった。

梅子という女性は激しく強烈な個性の人であった。彼女は華族の令嬢たちの集まる華族女学校や女子高等師範学校の教室に、外国の習慣通りに鞭を携えて現れ、お嬢様たちの胆を奪ったものだという(山川菊栄『山川菊栄集8　このひとびと』)。その意気込みに応えられる生徒は何人いたであろう。ならば自分の学校を創り、自分の信ずる梅子流の女子教育に邁進するほかはなかったのだ。やがて彼女は一九〇〇(明治三十三)

年に女子英学塾を創立した。これが現在の津田塾大学の始まりである。

一方繁子が当時の学閥の強い官立の学校で、長い年月教師をしてこられたということは、自分の信念については妥協しないが、そのまれに見る調和的な性格が、周囲の人たちとの円滑な人間関係を、巧まずに作りあげていったからだろう。

母国日本の社会ではとかく孤立しやすい彼女らの、それぞれの身の処し方には興味をひかれる。

海軍中尉瓜生外吉との結婚

繁子は帰国して、一八八二（明治十五）年三月に文部省音楽取調掛の洋琴《ピアノ》教師として採用されてから、夢中で九カ月を生徒の指導に過ごし、乞われれば演奏もしてきた。やっと落ち着いてきたので、彼女はいよいよ十二月一日に、婚約中の海軍中尉瓜生外吉と結婚式を挙げることになった。

二人の結婚式の模様は、兄益田孝をはじめ、津田梅子の書簡などに詳しい。

二人の結婚式自体はごく簡素に執り行われた。新郎の外吉はりりしい海軍の軍装、新婦繁子は洋装（白いウェディング・ドレスかどうかは不明、瓜生家にあるおびただしい写真の中に、この結婚式の写真がないのはどういうわけだろう？）、新郎と同期のアナポリス海軍兵学校の友人で、繁子のヴァッサー・カレッジの卒業式にも出席してくれた世良田亮《たすく》も軍服、矢野二郎（益田孝夫人栄子の兄）と、ただ一人の外国人ロバート・アルウィン（孝の仕事関係の人物）は燕尾服、益田兄弟は羽織袴、津田梅子と山川捨松は黒の絹のドレス、他の日本女性は和服というように、文明開化期を象徴するような和洋折衷のオンパレードである。そして日本人のキリスト教の牧師が司式を行った。

津田梅子は、外吉がピットマン家の三人姉妹からずいぶん前に、彼の結婚式の日のために贈られていたウエディング・ケーキにナイフを入れた時の二人の表情を、「シゲは本当に可愛くて幸せそう」、そして「似合いのカップル」だと記す。最初、繁子から結婚の話を聞かされた時には「私はシゲの結婚を望んでいないけれど仕方がない」と、憮然とした梅子も、まんざらでもない感想を洩らしている。

余談だが、その後梅子の相手には、当日出席した世良田亮がいいのではと勧められ、彼のほうもその気になったらしいのだが、彼女のほうできっぱりと断わっている。私は梅子のことより、アナポリス留学中、外吉ときかん気同士のけんか友達であり、後に彼の親友となった、この世良田という人物のことがどうしても気になる。彼は「武人たる神学者」と呼ばれたくらいの熱心なクリスチャンで、日本キリスト教会伝道局長なども務めた優れた人物だった。彼は妹がフェリス和英女学校（のちのフェリス女学院）に在学していたので、同校の英語教師若松賤子と知り合った。彼女はのちにバーネットの家庭小説『小公子』（*Little Lord Fauntleroy* 一八八六年）の口語訳（一八九二〜九六）の名訳で高く評価されている。彼らは理想的なカップルとして、婚約までしながら、賤子側が一方的に破棄して、明治女学校校長の巌本善治と結婚してしまった。それが肺結核であった賤子は三十二歳の若さで死亡したが、その墓前に月一回必ず花を供える紳士がいた。それが世良田亮その人だったという（山口玲子『とくと我を見たまえ』）。

彼は日露戦争の開戦前の一九〇〇（明治三十三）年に四十三歳の若さで病没してしまったので、繁子の夫外吉のように、海軍軍人として武勲を挙げるチャンスもなかった。人の運というものを考える時、瓜生外吉・繁子の幸福な出合いと、外吉の軍人としての幸運と比べ、同じアナポリスで学んだ世良田少将の不運が際立つのである。

結婚披露宴で英語劇

年が明けた一八八三（明治十六）年一月二十三日、瓜生外吉・繁子の結婚披露宴が、兄孝の品川御殿山の益田邸で催された。

この披露宴のアトラクションとして、アメリカ帰りの若者たちによって、シェイクスピアの『ヴェニスの商人』の英語劇が演じられた。まず益田孝が幕の背後でストーリーを述べ、繁子の弟英作がユダヤ人商人のシャイロックとなり、山川捨松がポーシャ、瓜生外吉がアントニオ、神田乃武《ないぶ》がバッサニオ、津田梅子がエリッサ、繁子はデュークの役をやった。ポーシャの捨松もなかなかだったが、繁子の弟の英作のシャイロックは出色で、益田家の一族にはみなエンターテイナーの素質が十分であったという。このあと克徳と英作の二人が『オセロ』を日本語に訳したものを演じ、拍手喝采で終演となった。

当時は映画もテレビもない時代なので、単調な日々を楽しいものにするには、自分たちで演ずるしかなかったであろう。

かつて家庭芝居がアメリカでも盛んだったことは、オールコットの『若草物語』（*Little Women.* 一八六八年）などにも描写されている。例のシェイクスピア劇も、留学中の日々の楽しみ方の延長として、留学経験者らが発案したものであろう。しかも繁子の兄弟たちは根っからの芝居好きだったらしい。思い思いの扮装をして、今演じ終えたところをパチリといった、益田一家の写真を私は見せていただいたことがある。このような芸能好きな血は繁子にも流れていたに違いなく、多くの聴衆を前にしての演奏も、至極度胸のすわった自然体でこなした彼女であったと推察できる。

この披露宴はすべて兄孝のお膳立てで行われた。この時の招待客は、外務卿井上馨夫妻、西郷従道、大山巌、外吉の上司の川村純義（のちの海軍卿）ら三十人ほどであったが、さて、繁子の職場の上司伊沢修二などは招待されなかったのか、それとも「その他」の中にいるのだろうか。同時にこの披露宴は大山巌とポーシャを演じた山川捨松の見合いの場でもあったようだ。繁子も実はこの結婚を強く勧めていた。

当時は結婚式を迎えるまで、ろくに会ったこともない見合い結婚が普通であった。外国の習慣を持ち帰った留学生らには、あきたりない思いがあったろう。年頃の男女が自主的に知り合うチャンスは、当時の日本にはほとんどなかったからだ。それゆえ彼らには瓜生夫妻のような結婚は、羨ましかったのではないか。

外吉は自分の学んだ築地の海軍兵学校の教官として、繁子は音楽取調掛のピアノ教師として、共働き夫婦の誕生であった。今から百年以上も前に、女性が結婚して、その夫から仕事か家庭かの二者択一を迫られなかった稀有な例であろう。二人はアメリカの地で学んだ経験と、国費留学生の国家に対する使命感と、キリスト教の信仰を基盤とした生活信条において、百パーセントの共通点で結ばれていた。これより目に見えて多忙になるであろう繁子を終始励まし続ける瓜生外吉という人物に、私は明治人の義理堅さと、時代の常識をはるかに越えた新しい男性像を見るのである。

音楽取調掛の発展と繁子の活躍

一八八三～八五（明治十六～十八）年の音楽取調掛は、お雇い外国人のメーソンが去ったために、ピアノは繁子と雅楽部伶人から助教員となった、溢れる才能の持ち主の奥好義、辻則承、それに鳥居忱らが一丸となって指導に当たってきた。その中でも繁子はその若い肩に、一身に背負った責任の重さを感じたことであろう。また彼女はひそかに対抗意識を燃やしている同僚たちからの「お手並拝見」といった視線を感じたことであろう。この時期は繁子の教師生活を通じて、最も目ざましい活動をした三年間ではなかったろうか。

とくに一八八四（明治十七）年という年には、次第に内容充実し、世間にも知られるところとなってきた音楽取調事業の実態を参観したいという希望者の訪問があいついだ。

（一）**一月二十三日**　文部卿大木喬任が公式の巡視に訪れた。その時の演奏会は幹事の神津専三郎と繁子、上真行、辻則承ほかが立案者となり、唱歌・洋琴・管弦楽・改良俗曲の四本立てでプログラムを組んで披露した。以後演奏会はこのパターンで行われた。

（二）**五月十日**　第一回の月次演奏会が開催された。この演奏会は音楽取調掛の進歩の状況を広く世間にアピールする目的で、毎月第二土曜日に行われた。「聴衆はみな満足げに帰っていった」と掛長の伊沢修二は報告しているが、立案する教師も、それを演奏する伝習生のほうも忙しすぎて、三回で中止する。第三回目の十八年一月の月次演奏会では遠山甲子が『ヴェディングマーチ』［結婚行進曲］（メンデルスゾーン作曲）、市川道が『ブリューメンリーデ』［花の歌］（ランゲ作曲）、幸田延が『ノクチュールン』［夜想曲］（トーラルイ作曲）などを弾いている。

（三）**五月十二日**　京都府吏員がわざわざ上京してきて、京都府立の諸学校の音楽教育をどのように展開させていけばよいかについて、さまざまな質問を熱心にしていった。

（四）**六月十四日**　第二回月次演奏会。

（五）**九月九日**　取調掛は新たに府県派出音楽伝習生を募集した。

（六）**十月九日**　東京府ほか十二県連合学事協会員が参観に訪れた。

（七）**十月十一日**　司法省お雇いフランス人のアッペールが参観に来たので、伝習生四名がピアノを演奏した。幸田延はシューベルトのソナタ（どのソナタかは不明）、納所弁次郎が『数へ歌』を弾いた。欧州管弦楽は「ポルカ」、改良俗曲は長唄と箏曲で、曲名はわからない。

（八）**十月十六日**　嶋津珍彦ほか九名の参観があった。

右の参観者のための演奏日程は、ご覧の通り、教師らと伝習生にとってはかなりの忙しさで、十月などは九日、十一日、十六日とたて続けである。毎回五、六名ずつ、独奏、二人連弾、三人連弾と伝習生を割り振ったプログラムに『数へ歌』という曲が何度も登場する。これは取調掛の十八番であった。これは伊沢掛長とメーソンが共同で日本古謡の『ひとつとや』をピアノ用に編曲したもので、正しくは『ひとつとやの主題による変奏曲』という。その旋律の終わりのカデンツァは純粋に西洋音楽的で、伊沢の理想とする和洋折衷の作品のサンプルでもあった。

音楽取調掛時代と思われる。外国人教師と

生徒全員が繁子の担当ではないにせよ、毎月一回の月次演奏会のほか、常に参観者のためのミニ・プログラムを用意しておかなければならない。それゆえその曲目の大体は決まっており、その中に時々新しいレパートリーを加えて変化をもたせ、その時々のプログラムを組んでいる。管弦楽は必ず「ポルカ」であり、俗曲は必ず『石橋』(旧東獅子)という風であった。

生徒には弾きたがりやが揃っていたと思うから、結構楽しんでいたであろうが、こうしたプログラムを用意しておかねばならない心理的負担は、教師の側に強かったであろう。特にピアノは音楽教育の基礎を成すものとして最重要視されていただけに、伊沢修二掛長の繁子に対する期待のうちには、さらなる理想を秘めた鋭い勤務評定の視線があったに違いない。この年九月十九日、繁子は年俸四百二十円に増額された。

この年の伊沢修二掛長の音楽教育の経過報告には

当初はメーソン氏之を伝習したりしが、幸に瓜生繁女の米国に於て該科を卒業し帰国したるにより、方今に在りては、専ら同人之を教授し、其進歩も大に見るべきものあるを致せり。

とあり、繁子のレッスンで伝習生らが大いに進歩していると、伊沢修二も繁子の教授に満足の意を表している（伊沢修二著、山住正己校注『洋楽事始　音楽取調成績申報書』）。

幸田延を育てる

それでは次に一八七九（明治十二）年から文部省音楽取調掛が一八八七（明治二十）年に東京音楽学校として生まれ変わるまで、大筋で変わることなく続けられてきたカリキュラムのうち、繁子担当のピアノの授業内容を記してみよう（東京藝術大学音楽取調掛研究班編『音楽教育成立への軌跡』）。四年課程のうち、第一学年前期・後期は、メーソンに習った助教師がバイエル教則本で教えているが、第二・三・四学年はすべてウルバッハの教則本で、繁子が担当教師となっている。前述したように、ウルバッハのピアノ教則本はヴァッサー・カレッジのピアノ教授で、繁子もその在学中に教えを受けたエリザ・M・ウィリーが英訳したものである。

○第二学年前期　ピアノ　一週九時間

手指運用法、長音階練習（スケールなど）

ウルバッハ氏教則本を用いて七二課～一〇九課までと長音階の各調の練習

○第二学年後期　一週九時間

前記の方法で、ウルバッハ氏教則本一一〇課～一四六課まで

○第三学年前期　一週八時間

装飾音符の弾き方と短音階の練習

ウルバッハ氏教則本にて一四七課～一六五課まで

○第三学年後期　一週八時間

装飾音符の弾き方

ウルバッハ氏教則本一六六課～一七四課まで

歌曲、行進曲、連弾曲など練習

○第四年前期　一週八時間

半音階の練習、歌曲の練習

ウルバッハ氏教則本で第八音（オクターブ）と六度など

一七五課～一九七課と学校用歌曲

○第四年後期　一週六時間

ウルバッハ氏教則本一九八課～二〇九課

各種の歌曲の練習、今まで学習したことの復習をするこのウルバッハ教則本は、その解説によれば、メカニックな技術の修練（たとえばハノン）に加えて、メロディックな小品を数多く挿入して、音楽的な感受性を養うことを目的としたものであり、同書の最初のページには、教則本に併用して学ぶべきさまざまな楽曲の一覧表（全四十六曲）が掲載されている。繁子がたとえば幸田延や遠山甲子に弾かせている『舞踏への招待』『ホーム・スイート・ホーム』、シューベルトのソナタなどもみなこの一覧表の中に見られる。これによって彼女がどのようなピアノ曲を仕上げ、レパートリーとしてきたかが見当がつく。

特に『舞踏への招待』（以降、資料に従い『舞踏への勧誘』という表記もある）は、繁子がヴァッサー・カレッジでの学内演奏会で演奏した記録はないが、三年間の在学中に仕上げた曲であろう。彼女はこの曲がとても好きだったようだ。また一八八四（明治十七）年二月に行われた繁子の担当の四年見習生の実技試験の課題曲には、彼女がヴァッサー・カレッジに入学して最初の学内コンサートで演奏した、シューベルトの『即興曲作品九〇第四番』が見られる。しかし残念ながら誰が弾いたのか、受験生の名前は記されていない。

このように繁子は前記のカリキュラムに沿って、大方のピアノ教師がそうするように、伝習生に対しては自分が学んできたピアノ曲を適宜与えつつ、一週九時間という、他の課目と比べて圧倒的に多いピアノの実技のレッスンを、一手に引き受けていたのである。

次に実技試験の実際をもう少し詳しく述べてみよう。各生徒の学習成績は、半期ごとに実施される定期試験で評価されている。繁子の行った評価については一八八四（明治十七）年二月と七月、一八八五（明治十八）年二月の記録が残っている。

二年見習生は『受持瓜生繁』として、『エルヒェンワルツ』木村さく〈八〇点〉、『コーラーポルカ』森とみ〈八五点〉、『ヘールコロンビア』小木友〈九〇点〉となっており、このほか長音階嬰変（♯♭）の中より若干を試みることとされている　三年見習生は、『ムンスター』曲・幸田延〈八五点〉、『クラムセー』曲・遠山甲子〈八五点〉、『ウルスター』曲・市川道〈六五点〉で、このほか長短総音階嬰変（♯♭）の中より試みること、とされていて、幸田延もしっかりと繁子に採点されている。ただし残念なことに曲名の表記がなく、作曲著名らしいものしか書かれていない。

一八八五（明治十八）年三月の試験には四年見習生として『グランドワルツ』幸田延、『ホーム・スイート・ホーム』遠山甲子、『アモング・ゼ・ローズ』市川道となっている。また二年見習生から三年見習生に進んだ森・木村・小木の三名も引き続き繁子の担当となっており、二年生の小山作之助、納所弁次郎、白井規矩郎ほか六人の男子生徒も繁子が受け持っているのである。小山作之助は後に『夏は来ぬ』などを作曲した優れた音楽家である。また納所も言文一致の唱歌の旗手であった。比留間も白井らも活躍した。

ところが試験当日には繁子の病欠届が出されて、奥好義が繁子担当の生徒十二名の試験官を代行している。これは繁子が三月七日に長男武雄を出産したためのことと、察しがつく。小柄な繁子がぎりぎりまで学校と自宅を身重な身体で往復していたが、ちょうど期末試験の時期が臨月となってしまったようだ。しかも長女千代もやっと一歳半という幼さであった。

しかし彼女はゆっくりと産後の休養を取ってもいられなかったであろう。七月にある、音楽取調掛設置以来初めての卒業生となる幸田延と遠山甲子、市川道の晴れの卒業演奏会のために、それぞれのキャラクターと実力にふさわしい曲選びと、その指導をしなければならなかったのだ。

残念ながら今となっては、繁子がどのようなレッスンを行ったのかはよくわからない。わずかに伝えられるところでは、音楽学校の窓の下を通ると、「ワン・ツー・スリー」と手拍子をとる彼女の大きな声がよく聞こえてきたというし、女高師で彼女から教えを受け、一八九四（明治二十七）年に卒業した徳富蘆花夫人の愛子は、時にシャープを抜かしてしまった際に、ピアノの傍らに立っている繁子に「シャープ・シャープ・シャープ」と声高に注意されて、びっくり仰天したそうだ（飯野正子・亀田帛子・高橋裕子編『津田梅子を支えた人びと』）。

今の感覚なら生徒は別にびっくりなどはしない。楽曲は止まってはくれないのだから、その瞬間に素早く、あるいは演奏をストップさせても注意を与える必要があるのだ。繁子の教え方は、アメリカ人女性のようなてきぱきとした、ハッキリとした教え方だったのだろう。そのへんが「何か調子のピッタリこぬものがありました」という、愛子の感想になるのだが、当時の控え目な日本人女性との肌合いの違いを感じさせる一件でおもしろい。

卒業演奏会～教え子を送り出す

さて卒業演奏会では、三人の学生はピアノの独奏とは別に、幸田はヴァイオリン独奏と箏、遠山は箏、市川は胡弓で合奏をするという多才ぶりを発揮した。以下が卒業演奏会のプログラムである（前出『東京藝術大学百年史　東京音楽学校篇第一巻』）。

全科卒業演奏会（卒業生幸田延、遠山甲子、市川道）
明治十八年七月二十日、午後二時　上野公園地内文部省新築館に於て

第一部
洋琴独奏曲　遠山甲子女
ポロネーズ　　ショパン氏作［どのポロネーズかは不明］
唱歌　本所生徒
指揮　上真行
仰げば尊し　　箏　　野中武雄、高田銛女
　　　　　　胡弓　傍島万年女

鏡なす　箏　金津鹿之助、亀井虎三郎
　　　　胡弓　門奈矩理女
大平曲　箏　遠山甲子女、森富女、傍島万年女
　　　　胡弓　市川道女
埴生の宿　四部合唱
洋琴連弾曲　小山作之助、白井現矩郎
　レ、セーゾン（四季）　ルルー氏［お雇い外国人音楽家］作
伊沢音楽取調所長報告［後述］
卒業證書授与
森［有礼］文部省御用掛閣下演述
洋琴独奏曲　市川道女
　ポラッカ、ブリアンテ［華麗なるポルカ］　ウェバル氏作
連奏曲　ヴァイオリン［独奏］　幸田延女
［伴奏］遠山甲子女
ラスト、ローズ、オブ、サンマー［庭の千草］フンテン（ママ）氏作

本邦俗楽

其一　七草

箏　幸田延女、遠山甲子女、森富女

胡弓　市川道女

尺八　加藤精一郎

三味線　山勢松韻

其二　乱れ

箏　（其一に同じ

三味線　山勢松韻

第二部

洋琴独奏曲　幸田延女

アウフォルデルング、ツム、タンツ［舞踏への招待］［ウェーバー作曲］

欧州管弦楽

ヴァイオリン　多久随

ヴィオラ　辻則承

ヴィオロンセロ　上真行

フルート　奥好義

リーダー　エッケルト氏
テレセン、ワルツ　フォースト氏作［グノー作曲の誤りか］
弦楽クワルテット　ヘーデン氏作［楽曲名わからず］
伯爵大木文部卿閣下演述
唱歌
其一　本所生徒
不二山　楽曲　ヘーデン氏作曲［オラトリオ『天地創造』よりか］歌詞　加部厳夫氏
其二
君ハ神［自然における神の栄光］　楽曲　ビートーベン氏作
欧州管弦楽器共奏

この時所長の伊沢修二は、唱歌は上真行、鳥居忱、ピアノは瓜生繁子、オルガンは奥好義、辻則承、箏は山勢松韻、加藤貞女、胡弓は林蝶、そしてヴァイオリンは特にエッケルト氏の担当である、と各科の教員を紹介した。

この文部省音楽取調掛の初の卒業式で、プログラムにあるように、森有礼は来賓として祝詞を述べている。

かつて彼が公使としてワシントンに駐在し、その時に世話を引き受けた女子留学生たち、どこの家庭へ預けようかと思案中の彼をよそに、公邸の庭で無邪気に跳ね遊んでいた少女の一人が、今、西洋音楽の指導者として、自分の祝詞をじっと聴いている。両者の心中を去来するものは何であったろうと想像することは、私にとっての楽しみの一つである。

奇しくも一八八六（明治十九）年に、繁子の母校ヴァッサー・カレッジから世界各国の女性の現況調査の依頼が日本にもきた時、フェリス和英女学校の英語教師若松賤子が代表して、「女子教育の現状」と「自立の手段」の二部にまとめて同校に郵送した。その全文が『女学雑誌』九十八号（一八八八〈明治二十一〉年二月四日発行）に紹介されている。それによると、この三名の卒業生については「最近いくつかの専門職が女に開かれた。その筆頭は学校の先生である」として、「三年前、文部省の音楽学校が三人の卒業生を送り出した。続いて幾人かの卒業生がピアノ・ヴァイオリン・邦楽器の教師になっている」と報告している。しかも三人の卒業生の卒業演奏会の演奏曲目としては、音楽取調掛開設以来まだ日が浅いのにもかかわらず、かなり難しい作品が演奏されているのである。その指導に当たったピアノ教師は、他でもない瓜生繁子その人であった。

ヴァッサー・カレッジ音楽科で学んだ繁子が播いた種子は、見事に三人の教え子の上に実を結んだ。幸田延は最優秀の成績で卒業し、すぐに助教となり、やがて音楽専攻学生としてウィーンに留学し、帰国後は遠山甲子とともに母校の教授となった。市川道も母校の助教を経て大阪女学校の音楽教師として巣立っていったのである。

ヴァッサー・カレッジの学長S・L・コールドウェルは、日本からの女子留学生に期待をかけ、「私は、彼女たちが日本に帰った暁には、アメリカの大学が女子の教育で何ができるかを示してくれるものと期待しております」と述べているが、繁子は山川捨松、津田梅子の二人よりも早く、その期待に応えたといえよう。

鹿鳴館と繁子

一八八三（明治十六）年にジョサイア・コンドルの設計になる外国人接待用の鹿鳴館が落成し、十一月三十日にその開館行事として舞踏会が催された。「右挙げて八時半より招［き］に応じて来集したる朝野内外の紳士貴女およそ千三百名、舞踏、奏楽、庭前の花火など、館内外の賑はひ云ふべからず」と新聞が伝えているが、未だこの時は日本人の中でダンスを踊れるのは、繁子ら女子留学生ほかわずかな人々だけだった。そこで開館式から一年ほど経った一八八四（明治十七）年十月二十七日に、上流階級の子弟を中心に、各官庁の官吏や外務卿井上馨、陸軍卿大山巌など高官を交えて、鹿鳴館を会場に、駒場農学校（東大農学部の前身）のお雇い教師J・L・ヤンソンがダンス教師となり、第一回目の講習会が行われた。これが後に会員制の「舞楽会」というものになる。西洋流社交術にはダンスがつきもので、いくら立派な建物を作っても、踊れなくては話にならないというわけで、十一月三日の天長節の夜会に向けてみな猛練習をした。

後にこの天長節の夜会は恒例となり、留学組の繁子、捨松、梅子の三人にも必ず招待状がくるのだが、梅子の口ぶりは、人ばかり多くて退屈なので行きたくないし、捨松は行かないし、繁子は行けないのだ、とだんだんと微妙な言いまわしになってくる。繁子は翌年春にも長男武雄の出産予定であるし、その一年後には東京高等女学校でも教えることになったので、たしかにそんな暇はなさそうだ。

欧洲管弦楽合奏之図 (明治 22 年 楊洲周延)
ピアノを弾く女性は瓜生繁子といわれている (GAS MUSEUM がす資料館蔵)

この鹿鳴館のダンス練習会にピアノ伴奏を受け持ったのは、海軍軍楽隊のピアノ教師アンナ・レールだったが、繁子も時として依頼されたらしい。後年幸田延に教えを受けた都留重人夫人の正子さんが、延の家を訪れた時、たまたま話が鹿鳴館時代のことになったのだそうだ。その頃延のピアノの先生であった繁子から、「延さん、鹿鳴館で私の代わりにピアノを弾いてくれない」といわれ、「コティロンやカドリールなどの舞踏曲を弾きに行ったことがある」と、つい先頃のことのように懐かしげに語ったという(日本洋楽資料収集連絡協議会篇『紀尾井町時代の幸田延』)

孫の瓜生武夫氏はそれを承けて、「生粋の武人の祖父は派手なことが嫌いで、妻[繁子]のそのような役回りをあまり好ましく思わなかったのでしょう」と笑っておられたが、繁子は結婚して一年目に長女を出産して、一年おいて長男、次の子は年子であり、次第に練習も出来にくくなっていたのだと思われる。夫の外吉は、むしろ西洋音楽を学んだ妻を誇りに思っていたことは想像に難くない。

森有礼の欧化教育

一八八六（明治十九）年十月一日、文部省音楽取調所（一八八五〈明治十八〉年に改称）で教えている繁子に東京高等女学校からも声がかかった。給与は一カ月二十円だということであった。実は前に述べたように、東京女学校は一八七二（明治五）年に設立され、一八七七（明治十）年に一旦廃校となって女子高等師範学校に合併され、付属高等女学校となっていた。それが一八八六（明治十九）年二月に再び独立して、東京高等女学校となったのである。同校は初め音楽取調所の構内にあり、繁子にとっては両者の職場が同じ敷地内にあることは好都合であったが、九月に神田区旧体操伝習所跡に移転していた。

同校は一八八五（明治十八）年に内閣制度が施行され、初代文部大臣となった森有礼の欧化教育の実験場とでもいうべき官立女学校であった。四年課程で、そのカリキュラムは、英語、西洋楽器、西洋衣食住、西洋画などを含む極めて欧化された内容であり、付属高等女学校時代にはなかった英語、代数、幾何、外国地理、歴史が取り入れられ、希望者には仏語、独語まで教えた。

教師陣は一八八八（明治二十一）年の時点で、校長矢田部良吉、教頭能勢栄以下、神田乃武、瓜生繁子、中邨秋香、武村千佐子、平田盛胤、坪井玄道、長谷川方丈、嘱託に小島憲之、上真行、辻則承、染谷徳五郎、木下邦昌、鳩山春子、鈴木信子、など選り抜かれたメンバーで、森有礼の力の入れ方がわかる。

なお同校の音楽担当の教師には新進の幸田延、林蝶が配された。

繁子が兼職として同校に招かれたことには、自分が世話をした元留学生の繁子に、音楽に限らず、西欧的教養とマナーの身に付いた体現者として、上流階級の娘たちを鹿鳴館の社交場裡に出しても恥ずかしくないように導いて欲しいとの、森有礼の切なる思いがあったようである。

同校の授業には、付属女学校時代にまったく課目から消えていた英語が復活した。初めの二年間は週八時間、三、四年目は九時間となったので、繁子は文字通り大忙しとなる。彼女はアメリカ帰りのサロンのような繁子の家の常連であった神田乃武と時間割を分けたのだろう。彼も、当時の日本では右に出る者がないくらい、英語が上手かった。鳩山春子も英語担当だったという。

繁子はこの頃二十五歳、帰国して日本の生活にも慣れ、音楽取調掛のピアノ教師としても前〈一八八五〈明治十八〉年度は幸田延、市川道、遠山甲子ら初めての全科卒業生を送り出したので、指導者としての自信も備わり、自分の教師としての適性を自覚し出したものと思う。しかも二カ月後には三人目の子（次男剛）の出産を控えながら、音楽取調掛と東京高等女学校を兼任しようというのだ。

帰国以来、夢中でここまできた彼女は、少しは心にゆとりが生まれてきた今、改めて自分が米国で身に付けてきたことの価値の大きさを、深く認識したのだろう。若い彼女の身内には、さらなるパワーがみなぎってきた時期であった。

折りしも鹿鳴館の夜会はいよいよ最高潮となっていたから、同校でも当然ダンス熱が高まっていた。旧幕臣田辺太一の娘で、同校卒業生の三宅花圃（『藪の鶯』の著者）は次のように語っている（神西清『現代婦人論』）。

束髪に洋装といふハイカラの格好で、土曜日の午後は「和楽会」と申しまして、学校の中でダンスの会が開かれました。桜井錠二とか神田乃武とか、矢田部良吉とか、大学の先生方がよくダンスしにおいでになりました。またピアノの先生の瓜生繁子さんの御主人の関係でか、短剣を下げた海軍の軍人さんも、大勢お見えになってゐたようでございます。土曜日の午後になりますと、さすがに女学生のほうでもそはそはする様子が見えました。中には理容室へ行って一寸白粉をつける女学生もございました。

花圃は最初一八八六（明治十九）年に明治女学校に入学したが、すぐに退学して東京女学校に転入学したのである。

この和楽会は、同校職員と大学教授らが発起人となって、会話・舞踏・音楽をもって健全な男女交際を目指すというものであったが、花圃があげた人々の他にも、発起人として穂積陳重《のぶしげ》、鳩山春子、箕作佳吉《みつくりかきち》らとともに繁子の名が見える。ここでも彼女はダンスのためのピアノを弾くことを丁重に、また当然のごとく依頼されたであろう。

子育てと教職のはざまで

音楽取調掛初の卒業生を送り出した繁子は長男武雄（一八八五年）と次男剛（一八八六年）と年子の誕生で、自分の勉強の時間が失われていく危機を感じた。自分はピアノ教師であって、演奏家として教育を受けたわけではないが、洋楽を導入したばかりのここ日本では、そんな区別はしてくれない。もっともつい近年まで、一般の日本人にはその区別がなく、音楽学校を出さえすれば、みな舞台で脚光を浴びるピアニストだと思っているふしがあった。

これではヴァッサー・カレッジで学んだ以上の演奏のレパートリーを増やしていくことなど、とても不可能ではないか。現に彼女は幸田延以下二名の生徒を全力投球で卒業させた後の自分が、補給のできない空っぽの人間になってしまったような寂しさに襲われた。長女の千代（四歳）を頭に、二歳・一歳の幼児がいては、お手伝いや専属の子守などを雇ったとしても、母親でなければ用の足りないことは、いくらもあったであろう。

一八八五（明治十八）年の音楽取調掛の音楽往復書類の中に、誰の発信かわからないが、繁子を当学院に招きたいが、病児がいるので是非もなき旨の、伊沢修二掛長宛て書簡が残っている。当時は今日ほどの予防措置もなく、はしか、百日咳、ジフテリアなど、一人の子が羅患すれば次々と伝染ってしまう時代であった。

それゆえ乳幼児の死亡率も高かったから、母親は、いつも子どもの状態に注意を怠れなかった。ある時期は授乳などどうしていたのかと、私のほうが気がもめるくらいである。

音楽取調掛最後の卒業生と教師(明治20年2月)前列左から二人日、お雇い外国人ソーヴレー。
隣は伊沢修二、二列目中央が繁子（© 東京藝術大学)

音楽取調掛長の伊沢修二はいち早く事態の収拾に動き出す。一八八六（明治十九）年四月よりオランダ人で、ピアノの達者なギョーム・ソーヴレー（Guillaume Sauvlet）をとりあえずエッケルトの後任に雇うことにした。彼は「唱歌・洋琴・風琴・弦楽・管楽・和声・楽曲製作ノ理論及ビ実地教授ヲ嘱託スベシ」と契約書にあるように、なんでもござれの器用な人というべきか。もっともこれが当時のお雇い外国人音楽家に、音楽取調掛が期待した能力であった。

一八八七（明治二十）年二月十九日、音楽取調掛最後の卒業演奏会がオーストリア、フランス両公使、東京府知事高崎正風ら五百人の来賓を迎えて行われた。この日は我が国で初めてベートーヴェンのシンフォニー（何番かは不明）が室内楽にアレンジされて、ソーヴレーの指揮で卒業生らによって演奏された、記念すべき日でもあった。繁子はすでにアメリカで聴いており、日本でも演奏されるようになったという感慨もあったことと思うが、さすがに誕生したばかりの乳飲み子を抱えているので、この時は表面に出てこない。本来なら自分の担当の白井規矩郎という生徒と組む連弾曲を、繁子に代わってソーヴレーが相手をしている。

この時の音楽取調掛卒業生の集合写真には、胸の辺りがふっくらとした、いかにも若い母親といった洋装の繁子が写っている。

この最後の卒業演奏会のあとの、取調掛の総仕上げともいうべき演奏会が、七月九日「明宮《はるのみや》殿下［のちの大正天皇］をはじめ諸官省諸官吏、外国公使の臨席のもと」に盛大に行われた。ソーヴレーは文字通り管弦楽の指揮、ヴァイオリンの独奏、助教員の林蝶と幸田延の二重唱のピアノ伴奏まで務めているのに、繁子の名が出てこないのは、なんとしてもさびしい。

鹿鳴館のたそがれ

一八七九（明治十二）年以来外務卿のポストにいた井上馨が推進してきた条約改正のための欧化政策は、一八八六（明治十九）年五月の条約改正会議において各国公使との間で議論された改正案が、平等とはほど遠い内容であったことが世間に洩れたことによって、大きな打撃を受けた。さらに同年十月にイギリス船ノルマントン号が沈没し、その際乗船していた日本人のみが溺死し、船長以下英国船員全員が救助されるという「ノルマントン号事件」が発生した。

この事件は不平等条約に基づく領事裁判で裁かれ、船長以下が無罪となった（のちに船長は、政府の抗議で、横浜領事館で禁固三カ月に処せられている）。この事件で政府も国民も、日本側に裁判権のない不利をいやというほど思い知らされたのである。翌年井上馨は外務大臣を辞任し、鹿鳴館の夜会に象徴される欧化政策は、大きく転換することになった。

女子留学生の一人大山捨松は、国策とあらば、鹿鳴館での日夜の外国人との社交にも、後に悪名高くなる仮装舞踏会にも喜んで出かけたが、次第に世間の空気が変わってくるのを感じたであろう。作家内田魯庵はこの頃のことを次のように書いている（内田魯庵著、紅野敏郎編『新編　思い出す人々』）。

踊り草臥れて漸く目が覚めると苦々しくなり馬鹿々々しくもなった。かつこの猿芝居は畢竟するに条約改正のための外人に対する機嫌取［り］であるのが誰にも看取されたので、かくの如きは国家を辱かしめ国威を傷つける自卑自屈であるという猛烈なる保守反動を生じた。

繁子にとっては華やかな社交よりも、忙しい教職と子どもの増えていく家庭とのバランスをいかに保っていくかが、当面の大きな問題となっていくが、彼女が主催者となって舞踏会を開いていたことが、「文部省音楽取調所教授瓜生某女の会主にて明十二日午後六時より内外の貴婦人数十名を上野公園なる精養軒へ招待し、舞踏会を開くといふ」という一八八六（明治十九）年六月十一日付けの『灯新聞』の記事から知られる。彼女のタフな活動ぶりにはびっくりというところである。

第五章　二つの官立学校の教授として

東京音楽学校の設立

一八八七（明治二十）年十月五日に、伊沢修二が前年秋から桜井錠二、矢田部良吉、外山正一、穂積陳重、村岡範為馳、箕作佳吉、菊池大麓と八名の連署で文部大臣森有礼に上申していた、音楽学校設立のための建議書が採択された。そして文部省編集局長と東京音楽学校長を兼任する形で、伊沢が初代校長となったわけである。伊沢は単なる教師養成機関としての音楽取調所から、パリのコンセルヴァトワール（パリ音楽院）のような、芸術音楽および芸術家養成のための機関への移行を構想していた。国家レヴェルで音楽教師のみを養成する時代は終わったのである。それは繁子が米国で身につけた「教養としての音楽」の限界でもあった。これ以後お雇い外国人教師は、すべてヨーロッパから来た音楽家によって占められるようになった。

民間においてもこの年、洋楽推進団体「日本音楽会」が発足して、鹿鳴館を拠点として、盛んに演奏会が企画された。ディトリッヒやソーヴレーなど、お雇い外国人もしばしば出演している。繁子も一度だけ出演の記録がある。遠山甲子との連弾で、曲名は『亜刺比亜歌謡に擬せる洋琴ファンタジア曲』でクロアゼー作曲とある。

別に一八八九（明治二十二）年には、「音楽同好会」（東京音楽学校の同好会）の発会式が上野公園東四軒寺跡の華族会館で開かれ、ここでも繁子はピアノを披露している。記録によると、「此時の演奏会曲目の第一部では、先ず『君は神』（ベートーヴェン作曲『自然に於ける神の栄光』）と、発会祝歌の唱歌に始まり、ヴァイオリンやピアノの演奏、それに独唱と合唱があって休憩。第二部のはじめに、前記伊沢会長の演説と辻次官の祝詞があり、次いで海外留学直前の幸田延子先生の箏曲演奏、さらに瓜生繁子先生のウェーバー作曲の『舞踏への勧誘』のピアノ独奏。それに独唱、合唱、ピアノ連弾があり、最後は、卒業生・在校生による管弦合奏付きの唱歌『ふじ山』（ハイドン作曲『天地創造』の合唱の一節とか）で終わっている」ということである。繁子は卒業演奏で幸田延に弾かせた『舞踏への勧誘』を、今度は自分で演奏し、幸田は師をたてて、自分は箏の演奏にまわっている（ただしこの演奏会の日程については、幸田延の離日の記録と齟齬があり、誤記された可能性が大きい）。

『舞踏への勧誘』

一八八九（明治二十二）年七月六日に、音楽取調掛が東京音楽学校と改称されてから初めての卒業式が行われた。『教育時論』一五三号には「内外の学者・教育家及［び］教育に関係ある方々を招待して、本科予科卒業生徒の証書授与式を挙げられたり」とある。

その際の演奏会のプログラムは次の通り。当時はまだ音楽のプログラムの表記の仕方が不統一で、曲名の訳語も思わず笑い出したくなるものもある。たとえば大正期に入っても、ウェーバーの『ロンド・ブリランテ』（Ronde Brillante）は『華麗なるロンド』であるが、「『光耀旋轉曲』ヱーバー」などとあり、一瞬戸惑い、そして「ああそうか」と合点する。外国語の片仮名表記に至っては、まるで判じものである。それゆえ、当校の卒業式典プログラムも、『東京藝術大学百年史』に記載されているものには曲名、演奏者名などに欠落が見られるが、『本邦洋楽変遷史』（三浦俊三郎）には左記のプログラムがきちんと記されている。

一、唱歌　君は神　里見義歌　ベートーヴェン　本科生徒

帰りゆくとも　燕

二、ヴァイオリン曲　管弦演奏　ヤンザ作　予科生徒

第一ヴァイオリン　卒業生　山田源一郎

笛　同　鷹野国蔵

第二ヴァイオリン　林　蝶子

ビオラ　納所弁次郎

セロ　卒業生　小出雷吉

ベース　同　高木次雄

三、独奏唱歌　わが大君　中村秋香歌　メンデル［ス］ゾーン作

四、洋琴曲　クネヒト・リュープリヒト　シューマン作　長谷川兼子

五、二部合唱歌　ゆめ　中村秋香歌　メンデル［ス］ゾーン作　近山兼人

高音　長谷川兼子

さらばや故郷　中村秋香歌　メンデル［ス］ゾーン作　浅井慎子

中音　岩原愛子

瀧川作子

六、ヴァイオリン曲　洋琴合奏　ロマンスルース作　石岡得久子

ヴァイオリン　岩原愛子

ピアノ　久間和嘉子　宮崎玉子

七、本邦楽　箏曲　薄霞　遠山甲子

洋琴合奏

学友に告別の歌　幸田幸子　内田菊子

日本ポルカノ曲　伊沢修二作曲　上原鶴子　荒井慎子

八、二人連弾洋琴曲　軍人進行曲　エフ・シューベルト作　長谷川兼子　遠山甲子

九、独奏唱歌　もり歌　中村秋香歌　ヘルマン・エリア作　根岸磯菜子　木村作子　岩原愛子

十、洋琴曲　インビテーション・フホア・ゼ・ワルツ　ウエーバア作　瓜生繁子

十一、校長演述、証書授与、辻文部次官祝詞、卒業生答辞

十二、唱歌　管弦合奏　ふじの山　加藤厳夫歌　ハイドン曲　校員及生徒一同

繁子はこの卒業式でも同じ『インビテーション・フホア・ゼ・ワルツ（舞踏への勧誘）』を最後に演奏している。繁子二十八歳、いちばん脂の乗っていた頃ではないだろうか。そしてその前に岩原愛子が独唱をしている。彼女は日本人が初めてディットリヒの指導により独唱をしたトップバッターだそうである（堀内敬三『音楽明治百年史』）。後述するが、愛子は繁子とは親類関係である。

この『舞踏への勧誘』というワルツは、変ニ長調のたいへん弾き映えのする曲である。ウェーバー（Carl

Maria von Weber, 1786-1826) が一八一九年に婚約者のカロリーネ・ブラントに捧げた。彼自身は『華麗なるロンド　作品六十五』という題名を付けており、華やかな舞踏会での男女のやりとりをカロリーネに初めて演奏して聴かせた時の説明が、モデラートの序奏の部分に付記されている。

ウェーバーは踊るための舞曲を芸術的なピアノ曲に仕上げ、ベルリオーズがそれを管弦楽用に編曲して、今なお愛されている。繁子は幸田延の卒業演奏の曲にこの『舞踏への勧誘』を与えた。繁子にとって、この曲は大切なレパートリーだった。会場の人々が魔法のように素早く動く彼女の手先を見つめながら、めったに聴けないピアノという楽器の音にしばし酔い心地であった、という表現は、残念ながら未だ当たってはいない。この日の取材に同校を訪れた雑誌記者氏は「ヴァイオリンは箏よりも妙音を発するが、ピアノはわが国の箏と比べたら、やっぱり箏の方がずっと妙音だ」とし、でもピアノも悪くはないがと述べ、「それにしてもかかる専門（高等）の音楽は、自分などがとやかく評せるものではない」（前出『東京藝術大学百年史演奏会篇第一巻』）と評した（?）時代であった。

ちなみにまだピアノという西洋の楽器自体が珍しく、個々の演奏についてのコメントは、一八九二（明治二十五）年頃、日本人の耳が慣れてくるようになって、初めて現れるのである。それゆえ、繁子の弾きっぷりを伝えてくれる一言でもあったらと思うのだが、それはないものねだりというものであろう。彼女の教え子の幸田延などの年代になると、一八九六（明治二十九）年四月九日の彼女の帰国演奏会における演奏ぶりは詳しく紹介されている。

もっとも明治政府が推進する鹿鳴館の舞踏会や西洋音楽の演奏会は、当時においては一般の大多数の国民とは関わりのないところで行われていた。音楽も、音楽そのものとしてよりも、社交の一要素として上流階級、知識人の間に浸透していったというのが実状である。その頃の音楽会は、「斯る演奏会はすこぶる鄭重を要すべきものなるにより、男子の着服は総てフロックコートに限り」「日本服の着用者は入場を拒絶し」という新聞記事がそれらの状況をよく伝えている（田甫桂三『近代日本音楽教育史Ⅰ』）。繁子は、着慣れない正装でこちこちになっている母国の聴衆を舞台から見て、いったいどう感じていたのだろう。想像すると少しおかしい。

それはともかく、繁子は『舞踏への勧誘』をいつものようにまったく気取らずに奏し終えて、席にもどる。彼女が学んだアメリカ流の音楽は、もちろん中にはヨーロッパにまで留学した学友がいたことは確かだが、自分が弾いて楽しむもの、つまり家庭を明るくし、家族や友人たちと和やかに過ごす媒体として、という要素が強かった。

それゆえ彼女が帰国した明治十年代に於ては、何よりも音楽教師の養成が先決であったから、彼女がヴァッサー・カレッジで学んだ音楽で十分であった。しかし明治二十年代となり、あらゆる分野に於てアメリカよりヨーロッパ諸国に目が転じられ、官費留学生はドイツに集中するようになると、政治・法律・医学・教育・哲学といったさまざまな分野でのドイツ化の傾向が始まった。そして音楽も例外ではなくなったのである。

教員養成から芸術音楽へ

前述のように、一応の教員養成の成果が上がるにつれて、文部省音楽取調掛はアメリカ人音楽教育家メーソンを解雇し、陸軍軍楽隊の指揮者として多忙であったドイツ人のエッケルトをその後任に迎えた。彼はドイツ音楽を小規模の管弦楽曲や合唱曲用に編曲して、次々と紹介した。次いでソーヴレーを暫定的に雇い入れた後（故中村理平氏はソーヴレーを高く評価している）、一八八八（明治二十一）年になって、やっと伊沢修二校長の眼鏡にかなったオーストリア出身のルドルフ・ディットリヒ（Rudolf Dittrich, 1861-1921）という芸術家が来日した。こうして日本のドイツ音楽指向路線はいよいよ顕著になってゆく。一八九七（明治三十）年以降の東京音楽学校の卒業演奏会その他の演奏会プログラムは、バッハ、ベートーヴェン、ハイドン、モーツァルト、クーラウ、クレメンティ、フンメルなどのソナチネやソナタが圧倒的に多くなる。これから後、繁子の弾いたようなピアノ曲は、音楽学校からは姿を消すのである。

一八九〇（明治二十三）年五月十二日に、東京音楽学校の新校舎が現在地である上野公園元西四軒寺跡に落成した。校舎の二階中央には上原六四郎の設計で講堂を兼ねたホール、即ち「奏楽堂」が日本最初の演奏会場として設けられた。その音響効果は非常に良好で、西洋でも賞賛されていた。奏楽堂は以後東京音楽学校の象徴的な存在としてあり続ける。

その落成式で、辻新次文部次官の祝辞に続いて、伊沢修二校長は、音楽取調掛創設以来、多事多難であった「十有余年」を振り返り、「不肖修二感泣に堪へざる所なり」と答辞に述べた。伊沢の強力なリーダーシップのもとに、異国の音楽を日本の国に根づかせようと奮闘してきた取調掛教職員も同じ思いで喜びを噛みしめたであろう。その一人である繁子も、よくここまで頑張ったという思いがあったろう。

二〇〇一年春四月、私は藝大図書館に繁子関係資料を探しにいった帰り、一九八七（昭和六十二）年三月二十七日に復元された、木造二階建ての奏楽堂の門に足を踏み入れた。このホールで繁子がピアノを弾き、そして彼女とは姉妹のようだった岩原愛子が独唱をし、ヴァイオリンを弾いたこと、幸田延が帰国披露演奏会を華々しく行ったことが、ついこの間のことのように思えてきてならなかった。玄関を出て左の隅には滝廉太郎の彫像が雨に光り、四分咲きの桜がやはり春の雨に濡れそぼっていた。

東京音楽学校廃止問題

さて新校舎落成前年、一八八九（明治二十二）年の日本の社会状況はどうだったであろう。まず二月十一日の紀元節の日に大日本帝国憲法が発布された。当日は夜が明けてみると大雪であったという。宮中での式典に参列しようとしていた文部大臣森有礼が、自邸で暗殺者の兇刃に倒れた。嫌な予感であった。教育界は大きく動揺する。

欧化政策の有力な推進者の一人であった森有礼が、条約改正を有利に運ぶために再開させた東京高等女学校も、一八九〇（明治二十三）年四月に、この一八八九（明治二十二）年に高等師範学校から分離独立したばかりの女子高等師範学校に合併された。これには女子教育そのものを攻撃するために仕組まれた、悪意に満ちたスキャンダルを流されたためだと、大山捨松が招いたアリス・ベーコンはその手記の中に書いている（アリス・ベーコン著、久野明子訳『華族女学校教師の見た明治日本の内側』）。また彼の庇護のもとに、思う存分文部官僚と音楽校長の職務に腕をふるってきた、繁子の上司伊沢修二にも、やがてこれを機に、自分の若き日の情熱のすべてを注いできた音楽学校を去らねばならぬ日がやってくる。

最初の帝国議会は一八九〇（明治二十三）年十一月二十五日に開会した。衆議院では立憲自由党（百三十名）と立憲改進党（四十名）がともに民党戦線を形成した。その第一回帝国議会において、東京音楽学校の存廃論争が持ち上がった。東京音楽学校となって三年、新校舎に移って一年とたたない一八九一（明治二十四）年一月のことである。

その年の予算委員会では、経費節減を理由に高等中学校（旧制高校）、女子師範学校とともに東京音楽学校を廃止せよ、との声がわき起こった。富国強兵が国是とはいえ、官立学校の中で同校の学校予算は最も少なかったのである。新聞の論調も「四、五十日の借家賃に一万円を払うほどの帝国議会が、国家的教育の場である音楽学校に一万円を投ずるのを惜しむのは甚だ異様な感に堪えないが、とは言うものの音楽学校のごときは、自分もそれほどまでに必要とは思えない。ただ折角あるものをわずか一万円の支出を惜しんで廃絶することはないのではないか」という、専ら経費の側面からの廃絶反対論であり、音楽教育の必要性を論じたものではなかった。

初代東京音楽学校長、伊沢修二

当時の『官報』に載っている衆議院議事録は、議員たちが「古来音楽は唯耳目を喜ばしむる物とのみ思ひしに云々」「文部省は教育を智育・徳育・体育の三部類に分つと聞きしが、音楽は何の部類に属するや」などの珍問答を繰り広げ、音楽家のことを「西洋河原乞食」と呼んでいた明治の時代の音楽に対する認識の低さとともに、音楽教育とは何かがまだ呑み込めていなかった状況を示している。

結局議会は立憲自由党が音楽学校の廃止を主張し、一方改進党は国家財政の原案に修正を加えるにせよ、ともかく存続させる方針を打ち出した。その間、繁子ら教師たちは、この目で音楽教育の実態を確かめようと参観にやって来る貴族院・衆議院議員諸氏に小音楽会を披露して、精いっぱいのピーアールに努めた。この時の演奏者は山勢松韻の箏、荒木如堂の尺八、遠山甲子のピアノで、『六段』が合奏された。

伊沢校長と神津専三郎幹事は、外国の音楽学校の沿革をつぶさに調べ上げて、廃止反対の論陣を張った。しかしこうした必死の存続運動もはかばかしい効果は得られなかった。清国との戦争の噂もある当時の富国強兵策の前に、音楽などは完全に二の次になってしまったのだ。

うっぷんをたぎらせていた伊沢校長は、大木文部大臣就任の披露宴の席で、面と向かって文部行政を批判してしまう。そしてそのかどで、辞表を提出せざるを得なくなる。一八九一（明治二十四）年五月であった。伊沢の目指した音楽学校の将来への夢は断たれてしまった。

伊沢を慕う教職員・生徒たちは大木文部大臣に陳情したが、容れられぬと知ると、総勢七十名で、心のこもった慰労会を催した。

ではこのような事態を、帰朝者としての視野を持った繁子はどのように感じたであろう。母国は音楽というものをこんなに粗末に扱う国であったのかと驚き怒ったかもしれないが、自分のキャリアを活かして抗議行動を起こすなどは論外であったのだろう。渦中にあった繁子だが、その言動に対する手がかりは得られていない。それよりも一日一日が幼い子どもたちの世話と教師生活の両立で、もう必死であったことだけは、痛いほど私にはわかるのである。

日本一高給取りの女性シゲ

森文部大臣の死も繁子にはマイナスには働かなかった。東京高等女学校が新設の女子高等師範学校に吸収されると、繁子はそのまま同校教授に就任し、奏任官四等、正七位、年俸二百四十円となる。翌年にはさらに東京音楽学校でも教授となり、年俸四百二十円となる。彼女はまさに日本でいちばんの高給取りの女性であった。ちなみに当時の小学校教員の初任給が年俸六、七十円だった。音楽学校存廃論争の起きた年は、五人目の三男義男が誕生し、彼女の生活も多忙を極めた。

一八八八（明治二十一）年にアリス・ベーコンが来日したので、津田梅子は繁子と捨松を招いて、感謝祭の夕食会を開いた。梅子は繁子について同年十二月六日付のランマン夫人宛ての手紙で、「シゲはいつも忙しく、たくさんの約束を抱えています。そのため私たちは彼女が感謝祭［の夕食会］に姿を見せるとは思いませんでした。けれども彼女はなんとか駆けつけてくれました」と述べている。

祝祭日唱歌の審査委員

一八九〇（明治二十三）年には教育勅語も発布された。政府部内では伊藤博文が政治と道徳・宗教を区別する立場から、元田永孚《ながざね》や西村茂樹の儒教主義的教育論に反対していた。しかし激化する自由民権運動を恐れた伊藤は、彼らと妥協せざるを得なかったのである。

一八九一（明治二十四）年六月の文部省令によって「小学校祝日大祭日儀式規程」が制定され、政府は祝祭日の学校儀式にふさわしい唱歌の審査委員を任命して、繁子もメンバーの一人となった。東京音楽学校関係は校長で委員長の村岡範為馳以下、上原六四郎、納所弁次郎、神津専三郎、小山作之助、顧問としてお雇い外国人のルドルフ・ディットリヒ、それに繁子で、紅一点の存在であった。他は文部省、宮内省雅楽部、師範学校、東京大学関係も、すべて男性であった。この祝祭日の唱歌の作詩・作曲は広く宮内省伶人、音楽学校関係者、軍楽隊関係者から募集された。応募者名簿の中には繁子の教え子の林蝶、遠山甲子、市川道、岩原愛子といった懐かしい顔ぶれが見えるが、繁子の名前が見当たらないことが少し気になる。

この審査委員会も十数回も会を重ねたという。委員会では国歌に『君が代』（奥好義作曲）を、『紀元節』に高崎正風作詞・伊沢修二作曲のものを、『天長節』に黒川真頼作詞・奥好義作曲のものを定めるなど、十二曲ほどのなかから最終的に八曲が制定された。委員任命時、繁子は三十歳、すでに五児の母であり、お腹にもう一人子を宿していた。

彼女はこの辺りでもう音楽活動を諦めたのではなかろうか。音楽以外の教科なら、子どもたちが寝静まってから下調べもできようが、ピアノは夜中に弾くわけにはいかないし、昼間とて、かなり集中しなければ、人前に完成品として披露できるまでにはならないであろう。時には母親の気をひこうとして、一心に弾いているのを、後ろからこづいたり、蓋を閉めようとしたりしかねないのが幼児である。もし彼女がもっと身軽な身であったら、ヨーロッパの正統な音楽を身につけた理想的な師として、一週間のうちで必ず学校で顔を合わせるお雇い教師のディットリヒがいた。しかし彼女が彼にレッスンを受けた可能性は少ない。私はこのことをたいへんに惜しいと思う。

繁子は今や東京音楽学校と女子高等師範学校との

明治 22 年 7 月、卒業生と教師。前列左から四人目が伊沢修二、隣がディットリヒ。右端が繁子 (© 東京藝術大学)

兼任教授として、音楽と英語を担当する教育界のキャリア・ウーマンとして、時折叙任や昇給の際に新聞紙上に名前が載るまでになっていた。しかしこの十年間の仕事と家庭の両立は、彼女にとってさすがにしんどかったことであろう。当時は今のように「産児制限」などという考え方はなかったから、みな子だくさんだった。繁子の場合も長女千代が一八八三（明治十六）年、一八八五（明治十八）年に長男武雄、一八八六（明治十九）年に年子の剛、一八八九（明治二十二）年に忍、一八九一（明治二十四）年に義男、一八九三（明治二十六）年に栄枝と、息つく暇もない十年間であった。

当今の産まない権利を標榜して、一人か二人の子持ちでしかないキャリア・ウーマンなどの比ではない。たしかに兄たちの強力なバックアップと、人手はあまるほどの時代ではあった。それでもなお繁子のこの強靭な精神力の源泉を考えずにはいられない。そして特に注目したいのは、時には休んだり、早退することも多い子持ちの教師を、明治日本という男社会が受け入れ続けたということである。教師の絶対数が少なく、草創期の洋楽界にどうしても必要な人材として、繁子は男性たちからも一種のあこがれと尊敬の眼差しをもって遇されていたのだろう。

ディットリヒとお愛さん

私はお愛さんの健康がとても心配でした。そうして私が彼女の蒼いやつれた顔つきを見た時、真に可哀そうでなりませんでした。私は、叔母さん［愛子の母］を救うことはほとんど難しいと知っていましたが、私が山口にいたら少しは彼女を慰めることができようかと思ってやって来ました。私は神戸駅で千代［繁子の長女］と会って悲報を聞きましたが、彼女を慰めるために山口に行かないわけにはいきませんでした。

この手紙は、一九〇三（明治三十六）年にお愛さんの母が山口に行って赤痢に罹り、ついに亡くなった時、急報で瓜生繁子が東京から駆けつけ、ニューヨークにいる愛子の兄の謙三に送った英文の手紙である。このお愛さんこと岩原愛子は、繁子の夫の瓜生外吉の母方の従姉妹に当たり、また繁子が東京音楽学校在職中に、彼女の家から同校に適っていた。そうした縁から、二人の間には生涯を通じて、姉妹のような親身なつきあいが続いた。右の手紙も、繁子の細やかな心遣いが第三者の心をも打つような文面となっている。

愛子は一八七二（明治五）年五月七日、石川県大聖寺町で岩原孝興の娘として生まれた。兄謙三は、繁子の兄益田孝が社長をしている三井物産のニューヨーク支店長を務めていた。二人兄妹である。愛子は写真で見ても、目鼻立ちのはっきりとした、ハイカラな女性である。その彼女が雪の深い北陸の地から上京し、東京音楽学校に入学したいきさつはわからない。繁子の勧めによるものかもしれない。いずれにしても当時としては翔んでいる女性であったろう。そして一八九一（明治二十四）年七月十日、彼女は専修部を首席で卒業しているのである。『東京藝術大学百年史　演奏会篇』によれば、彼女は専攻のヴァイオリンと声楽の両方をこなすという多才ぶりである。舞台姿も実に目立ったという。東京音楽学校を見学したオーストリアの音楽博士テルシャックの書いた見聞記には、「岩原嬢は光沢のある美しい振袖を着て、若い娘がよくする、物珍しげな態度で聴衆を見まわした、という説もあり、そのあとで堂々とウィヒテル氏の教則本中の一課を演奏した」と記している。度胸もよかったのであろう。卒業式では、作曲者名はわからないが、ヴァイオリンで「メニュエット」を独奏し、卒業生総代として謝辞を読んだ。「満場寸地の余裕なく戸外で聴する者」さえ多かった。

通常愛子のような優れた学生は、卒業後研究生として母校に残り、助教・教授の道が開かれていた。それなのに彼女は京都府立第一高等女学校の音楽教師として赴任してしまう。明らかに都落ちである。それはやむを得ぬ事情からだ、と子息の松本秀彦氏が『母を語る』の中で述べているのだが。

当時の東京音楽学校のお雇い外国人音楽家は、オーストリアからやって来たルドルフ・ディットリヒであった。愛子は彼にヴァイオリンを師事していた。彼は、ウィーン音楽院でヴァイオリンをヘルメスベルガーに、オルガン・和声・対位法・作曲をブルックナーおよびクレンに、ピアノをシェンネリーに師事した。彼は一八八二年の卒業の年にヴァイオリンとオルガンで一等賞を獲得し、成績優秀につき、音楽院より大銀牌を贈られた。

彼はその経歴からして、当時の日本にはもったいないような芸術家であった。彼は学生の指導にも実に熱心で、絶えず校内を巡回して、彼らの練習ぶりに気を配っていた。また彼は滞日中、フルート奏者のテルシャックとの御前演奏をはじめ、五十回を越える大小演奏会に出演し、日本の洋楽界に刺激を与え続けてくれた人物であり、人格的にもしごく評判がよかった。

愛子はそんな彼からプロポーズを受けていたというのだ。しかし彼女のほうはまったくその気はなく、困惑し切ってしまう。そのような愛子の態度に、思いあまったディットリヒは、校長の伊沢修二宛てに仲立ちを頼む切々たる手紙を送っている。言い遅れたが、彼はこの時日本に着いてから三年目で、すでに若い夫人を病気で亡くしていた。愛子を諦めたディットリヒは一八九三（明治二六）年、ある日本女性と知り合い、一児をもうけた。その翌年、彼のお雇い教師としての任期が切れたので、母子を伴って故国オーストリアへ戻ろうとしたようだが、何故か母子は日本にとどまった。

やむを得ぬ事情というのはこのようなものであった。愛子は東京を離れ、三年間京都で教職に就いていたが、夏休みになると繁子の兄益田孝の鎌倉の別荘を訪れて、繁子やその家族に合流するのを楽しみにしていた。世話好きな繁子は、その頃では決して早くない二十四歳になっていた愛子の結婚相手を探し始めるのである。

愛子自身はどう考えていたのだろう。その気になれば、母校に戻り再び研鑽を積みつつ教授となる可能性も十分にあったであろう。だが繁子は、自分は国費留学生として借りのある身だから当然のことをしているのだが、二つの学校を兼務し、次々と生まれる子の育児に大忙しの最中で得た結論として、愛子はごく当たり前の家庭人となることがいちばん自然だと考えたのであろう。彼女は親身になって愛子の結婚のために奔走し、見合いの席にも立ち合った。

結婚した愛子は、幸田延から譲り受けたという高価なヴァイオリンにもほとんど手を触れることなく、夫に仕えて七人の子女の養育に生涯を送る。時々歌う声はさすがにいい声であったと、子息の松本秀彦氏は回想している。氏の長女、つまり彼女の孫娘が一九五一（昭和二十六）年に東京音楽学校の後身である東京藝術大学に合格した時、年老いた彼女は涙をこぼして喜んだという。彼女の耐えてきた思いがよくわかる。彼女はこの時七十九歳であった。左は愛子の東京音楽学校卒業式のプログラムである。

明治二十四年七月十一日第四回卒業式並演奏　於同校演奏順序

一、　君が代　二回　満場直立

二、ピアノ連弾　ガボット・エト・ミューゼット、インテルメッツォ　橘　糸恵　中村照子

三、作文二篇　忍ぶ処を述ぶ　石岡得久子

ハルモニー（英文）　瀬川朔子

四、唱歌　蛍狩　本科生

五、洋琴　独弾　ソナタ　依田弁之助

六、授業法演習　高木武子

七、ヴァイオリン独奏　ミニュエット　岩原愛子

八、箏曲　ヴァイオリン合奏　春の花　幸田幸子
内田菊子
卒業生

九、演説　忘れがたみ　外山文学博士

十、洋琴　水車　根岸磯菜

十一、演説並卒業証書授与　校長心得　神津専三郎

十二、メジテーション　洋琴、風琴伴奏　ヴァイオリン　卒業生共十五名

十三、祝詞　伯爵　大木文部大臣

謝辞

十四、唱歌　仰げば尊し

卒業生総代　岩原愛子

生徒一同

オルガン伴奏　福永竹男

繁子の「社会的名声」

一八九〇（明治二十三）年に音楽雑誌社が創立され、『音楽雑誌』（発行人四竈訥治）が創刊された際に、彼女も伊沢修二や神津専三郎、奥義好などと共に発起人の一人に名を連ねている。この当時の繁子の音楽界における評価を示すものとして、一八九二（明治二十五）年四月に読売新聞社が行った、婦人和洋音楽家の人気投票がある。その結果は、**洋楽の部で、当時ドイツに留学していた幸田延が一位（三百七点）、繁子が二位（二百八十八点）、遠山甲子が三位（百四点）となっている。**これは繁子がたて続けの出産の傍ら、教師としてはもちろん、明治十五年より二十年代初めにかけて、音楽界の花形としてもその存在感を示してきたことの証拠であろう。

幸田延は独身を通して、生涯を音楽に捧げた。師と弟子は明治という時代に、日本人がなかなかなじまぬ西洋音楽を世間にピーアールする役割を果たし、併せて明治政府の欧化政策に大きく貢献してきたといえよう。

一八九三（明治二十六）年一月には今度は音楽雑誌社が「**明治音楽功績家**」と「**明治音楽理論家**」、「**明治音楽技芸家**」として、先の読売新聞社の行った「婦人和洋音楽家」だけでなく、男女併せた人気投票を行った（『音楽雑誌』二十六号〈一八九二（明治二十五）年十一月二十五日〉）。投票は記名投票で、被投票者の履歴、逸事などを添えることを条件としているので、かなり真面目なものである。その結果は『音楽雑誌』二十八号（一八九三〈明治二十六〉年）に発表されているが、それによると、「**明治音楽功績家**」の当選は

四竈訥治　　百八点
伊沢修二　　六十九点
四元義豊（陸軍軍楽隊長）二十七点

「**明治音楽理論家**」の当選は

鳥居忱　　八十一点
上真行　　七十二点
村岡範為馳　　二十一点

次点は上原六四郎、神津専三郎、四竈訥治であった。また「**明治音楽技芸家**」の当選は

山勢松韻（箏曲家）　四十八点
四竈訥治　　三十三点
長原春田（清楽演奏家）　二十一点

次点者は上真行、工藤貞次（陸軍軍楽隊戸山学校隊長）、永井建子（陸軍軍楽隊長）、幸田延、長原梅園、以下古矢弘政（第四代陸軍軍楽隊長）、奥好義（宮内省楽部伶人）、中村祐庸（海軍軍楽隊初代楽長）、遠山

甲子の順で、箏の大家山勢松韻の活躍は周知のものであろう。女性では幸田延と遠山甲子が辛うじて顔を出し、前年の婦人和洋音楽家の投票では幸田に次いで二位だった繁子の名は消えている。前年の人気投票からわずかに一年しか経たないのに、繁子が姿を消したということは、さっぱりと人前での演奏活動に終止符を打ったことの表れではないか。

もっとも『音楽雑誌』第三十号（一八九三〈明治二十六〉年三月）に発表された相撲の番付を模した「東京和洋音楽家見立鏡」によると、繁子は、東（洋楽）大関　古矢弘政（陸軍軍楽隊長）、関脇　工藤貞次（同上）の次に小結の地位（左資料の右上三番目）にランクされ、幸田延子は前頭二枚目、遠山甲子は同四枚目にランクされている。彼女はもはや名士的存在であろう。

この「明治音楽技芸家」や「東京和洋音楽家見立鏡」は、当時は陸海軍軍楽隊が各地に出張演奏をしており、その楽長や私立の唱歌会の指導者である四竈訥治や鳥居忱らがよく世間に知られていたことを物語っている。ちなみに、この「東京和洋音楽家見立鏡」は良質の紙を用いた一枚刷りの表で、一枚につき二銭の実費と切手代を添えて申し込めば入手できた。

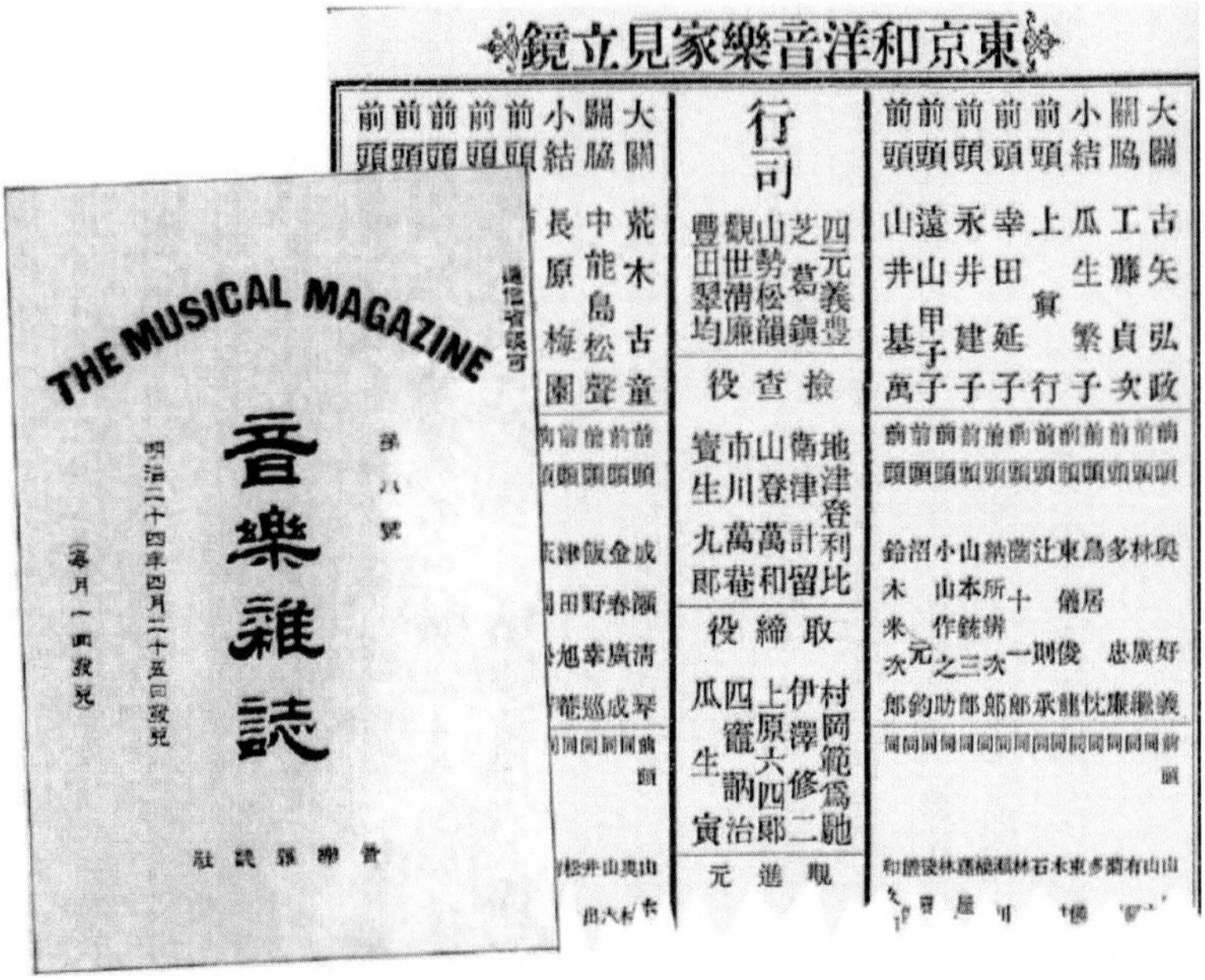

当時の音楽界の情報雑誌 (現在の『音楽之友』のような)。
発行人四竈訥治、発行号に賛同者として女性でただ一人、繁子の名がある。右は同誌の音楽雑誌第 30 号 (1893 年) に発表されたもの

東京音楽学校教授を辞する

一八九二（明治二十五）年九月に夫君が駐仏公使館付海軍武官として渡仏することになったのを機に、繁子は十年間勤め続けた東京音楽学校のほうを辞めることにして、十二月に同校に辞表を提出した。彼女が正式に免官となったのは、翌年の四月のことであった。

その理由としては、おそらくたて続けの出産のかたわら仕事を続けてきた繁子の疲労を見てとった夫外吉の助言があったともとれるが、繁子自身が一つの時代の役割を果たし終えたと感じたからではないか。実際、繁子の教え子たちの進境ぶりには目を見張るものがあった。遠山甲子も助教授となり、今や指導に演奏活動に大活躍しており、また橘糸恵も一八九二（明治二十五）年に卒業し、直ちに助教となった。幸田延はすでにウィーンへ出発しており、その留学期間は六年間なので、あと二年もしたら、彼女もまた本場のドイツ音楽をひっさげて帰国して来るであろう。そして母校の教授として絶対の権威をもって迎えられるだろう（実際にそうなった。幸田延は“上野の西大后”とまでいわれた）。ここで繁子が、音楽学校のただ一人の女性教授という地位にしがみつかず、後進に道を譲るという結論に至ったのは賢明であったと思う。

こうして彼女は一八九三（明治二十六）年四月付で、帰国以来十年を勤めあげた想い出多い職場に別れを告げたのであった。

繁子が同校に寄贈した楽譜が二冊ある。その一冊は『*Richardson's New Method for the piano-forte*』(Oliver Ditson & Co., n.d.) で、「一八七三［明治六］年九月八日フェアヘヴンにて」と署名入りの英文が記入され、署名の上にカラフルな鳥の写し絵が貼られてある。実際に使用した形跡はなく、いつ頃彼女が学校に寄贈したのかはわからない。もう一冊は『進行曲』(一八九九〈明治三十二〉年二月十八日　十字屋発行) で、「瓜生繁子より寄贈」と記入されている。同書は一九〇五 (明治三十八) 年までに四版を重ね、その後二十数版を重ねた。地方の学校からも三十、四十とまとめて注文があり、よく売れた十字屋出版物の中の一点である。

さて、繁子の退職した一八九三 (明治二十六) 年には、「東京上野公園の一隅に最も不幸なる官立学校あり」と新聞に書かれた東京音楽学校は、縮小されて高等師範の付属校となり、灯の消えたようになった。

良妻賢母教育の女高師で

この時期は、夫の外吉は駐在武官としてパリにあり、日清戦争中の国策の遂行と戦時情報収集に当たっていた。彼が一八九六（明治二十九）年八月に帰国するまでの四年ほどは、彼女はまたの妊娠・出産から解放されて、教職にも専念できた時期だったと思う。

繁子は東京音楽学校を辞職して、勤務先は東京女子高等師範学校だけになり、ずいぶん楽になったが、教育界の保守反動化はいよいよ激しく、この年の校規改正で修身・国語・裁縫が重視されるようになった。彼女の教える英語は随意科となり、彼女の受け持ち時間数は大きく減ってしまった。翌一八九四（明治二十七）年には、彼女は英語の担当を解かれ、音楽担当専任になった。ただ残念なことに、女高師は一九二三（大正十二）年の関東大震災の際に全焼したので、同校の後身であるお茶の水女子大学に保存されている資料は極めて少ない。

女高師では、音楽科は従来から随意科として自由選択であったが、女子はみな音楽が好きであったから、その名は随意科でも、まるで必須科目のような観があった。「殊に女子は将来家庭にあって子女を教養する特務を有するものであるから、音楽を一般に課して置くことは、女子の本分のために極めて緊要である」というのが学校当局の姿勢であった（『東京女子高等師範学校六十年史』）。したがって音楽科目の重視は、女高師ではあくまでも良妻賢母教育の一環として組み込まれたものということがわかる。

女高師では一九〇三（明治三十六）年より習字科を廃して音楽科を必須科としている。しかし、必須科としたとしても、それは生徒を他日音楽教員とするためではなかった。繁子は悪くいえば良妻賢母教育の具として位置づけられた自分の教える音楽（ピアノ）というものをどのように考えていたのであろうか。おそらく彼女はその性格から、音楽は音楽だと至極ゆったり割り切っていたであろうし、事実そうした目的のためならば、彼女はヴァッサー・カレッジで学んだ教養としてのピアノ教育をすればよいわけで、言い換えれば、彼女にとってはここ女高師のほうが、東京音楽学校よりもぴったりだったのではあるまいか。ちなみに女高師では音楽が独立した専攻科となるのは、ずっと後の一九三七（昭和十二）年のことであった。

この時一九〇三（明治三十六）年に学生の制服も洋装から和服に変わった。一八九八（明治三十一）年にウーマン・リブの元祖平塚らいてうが同校へ入学しているが、彼女は「校風は私の母の躾と同じで、女性はつつましく、全き良妻賢母の教育だった」と回想している（『東京女子高等師範学校六十年史』）。繁子にしても大山捨松や津田梅子にしても、婦人の地位向上を目指して婦人参政権運動などに関わったり、発言したりしたということはまったく聞かない。第二章の終わりでも少し触れたが、彼女たちはむしろそうした動きから一線を画していたようにも思われる。

十九世紀末に米国で教育を受け、また東部の敬虔なピューリタンの家庭に人格形成期をゆだねた繁子の頭の中には、男性と競合することなく、彼らを助けて、キリスト教に基づいたよき家庭を築く、賢明な女性像がイメージされていたと思う。

日清戦争と繁子

一八九四（明治二十七）年に日清戦争が始まると、日本中が戦時体制となり、女高師にもその影響が及んだ。同校の同窓会史である『桜蔭会史』にはこんな記述が載っている。

我が母校にては山川二葉、瓜生しげ、永田けい、武田貢、梶原としの諸氏主唱者となりて恤兵金を募集したるに、その応募額二千五十三圓五厘に達した。仍々之にて真綿百七十一貫九百七十匁を買入れ軍隊用防寒具及び靴下五十五ダースを製作して陸海軍に献納した。…日清戦争当時、即ち今から約半世紀前の二千円は、貨幣価値からいへば今の数万円に相当する。桜蔭会員の卵であった生徒たちも、聊か奉公の誠を捧げ得たといふことは、さすがに山川・瓜生氏らを先生に仰げるだけあったと、今なほ首肯かれる。

当時女高師では月二回土曜日を先生と生徒の親睦をはかる日と定めていたが（鹿鳴館時代には、土曜日にはダンスをしていた）、この日が戦地に送られる防寒具や靴下の製作日に当てられるようになった。生徒たちは戦勝ごとに作曲される「大捷軍歌」を高らかに歌いつつ作業をしたという。女高師の寄宿舎舎監の謹厳な山川二葉（大山捨松の姉）と快活そのものの繁子のコンビがぐんぐんと生徒の気持ちを引っ張っていく有様が、目に見えるようだ。

日清戦争に際しては、繁子の同僚でもあった奥好義らの作曲した軍歌がいくつも誕生した。それらの軍歌はその音楽的水準の高さと、当時の日本人の音感にぴったりの五音音階（ファとシがない）で作曲されていたので、歌いやすく、またたく間に大衆の中へ西洋音楽を浸透させていった。『勇敢なる水兵』（煙も見えず雲もなく）、『婦人従軍歌』（火筒の響き遠ざかり）などがそれで、私の世代でもそれらのメロディーはなんとなく知っている。

勤務先の女子高等師範学校で義援金集めにリーダーシップを発揮した繁子だったが、このたびは夫外吉は従軍せず、彼女にとって海外勤務の留守宅を守る責任はあれ、心の負担は少なかった。

一八九五（明治二十八）年四月十七日、日本が近代国家として歩み出してから最初の本格的な対外戦争である日清戦争が終結した。

一八九六（明治二十九）年五月十八日には皇后が女高師に行啓された。なんでも生徒が在校中に一度は皇后にお目にかかれるように、四年ごとに行啓があるのだそうだ。繁子は本校随意科外国語三年生の授業をご覧に入れた（『東京女子高等師範学校六十年史』）。この時彼女は三十五歳であった。繁子の英語の授業ぶりを参観する皇后の眼差しは柔らかく、懐かしい人を見るような表情があった。自分が女子教育のリーダーとしてよく勉強してくるようにと送り出した、あの二十五年前のことを皇后も想いうかべているらしかった。

繁子は奏任官であったので、文部大臣や学校長らとともに、特別に皇后からお声が掛かった。彼女は後に長年の功労に対して皇后から素晴らしい銀盃を賜ったが、その銀盃は現在彼女の母校のヴァッサー・カレッジの学長室を飾っている。

思いがけない外吉の禁固刑

さて繁子の夫外吉は海軍武官としての海外勤務を終えて、一八九六（明治二十九）年八月三十一日に四年ぶりに日暮里の我が家へ帰ってきた。留守中に生まれた栄枝を抱いた繁子、驚くほどに背丈の伸びた長女千代（十三歳）、武雄、剛、忍、義男らが揃って父を出迎えた。すっかり壮年の自信に溢れた父がまぶしかった。

そして瓜生大佐にとってはいよいよ本来の艦上勤務が始まったのである。彼は一八九七（明治三十）年一月に巡洋艦「秋津洲《あきつしま》」の艦長となり、同年六月におなじく巡洋艦「扶桑」の艦長となった。ところが彼は同年十月、愛媛県長浜沖で海軍の大演習が行われた時に、彼の乗艦の「扶桑」が「松島」に衝突して、彼は自艦を座礁させてしまったのである。彼は一身に責を負って、翌一八九八（明治三十一）年三月に開かれた軍法会議で禁固三カ月の実刑を受け、大津の海軍刑務所で獄中生活を送ることになってしまったのだ。

知らせを受けた繁子と家族の者たちの驚きは一通りではなかった。この年の十二月十一日付の兄益田孝の、妹を気遣う短い手紙が残されている。それは三井物産の会社のマーク付の便箋に英文で急いで書いた感じである。

愛する妹よ
全部忘れてもう何も考えないでおくれ。すべて大丈夫だから。だれかに代わってもらえるから。一晩来て過ごせないか。武雄は入院させたほうがいい。だれかを長浜に送りたい。

お前自身が行けませんか？　一人か二人の男の子を連れて。

経費はすべてこちらで支払いたい。家族の訪問をどんなに喜ぶか。

もし行くことができないのなら、書生と剛［次男、十一歳］を遣ってくれないか。誰かが行くべきだ。どうか暗い気持ちにならないで欲しい。

孝

追伸　もしお金が必要ならそう云って欲しい。送るから。

断片的な表現ながら心に沁みる文面である。海軍内のエリートであった夫がいったい何をしでかしたというのだろう。あまりの思いがけない事態に激しいショックを受け、意気消沈した繁子の姿が伝わってくる。失意の夫の胸中を思い、今すぐにも飛んでいきたくとも、教職の身と六人の子どもはみな幼く、しかも長男の武雄（十二歳）は病中であったらしい。どうしたらよいかと思い悩む妹に、兄の孝はまるで慈父のように優しく、頼もしい助っ人であった。

ところで当時は海軍といえば薩摩を連想するほどであったから、鹿児島県人以外の出身者は出世は難しいとされていた。そこへもってきて、瓜生外吉は珍しく石川県出身で、当を得ぬことには直言する硬骨漢であった。しかもアメリカ仕込みの洗練されたスマートさを身に付けていたので、彼とは対照的な日本的豪傑タイプの先輩や同僚から、いわゆる今風に言えばいじめに遭うこともしばしばであった。そんな時、アナポリスで鍛えたボクシングの腕前が彼を救ったという。しかし相当に鬱屈の日々もあったらしく、酒量も多くなるのを、繁子は夫の心中を察しながらも、その健康を気遣ってはらはらしたようだ。彼女自身はお酒は飲まなかったという。

しかしこの事件は彼の経歴にとっては案ずるほどのことはなかった。むしろ外吉の服役中の謙虚に規律に服す潔さと、他艦に迷惑をかけまいと、死力を尽くして全速力で浅瀬に乗り上げた処置と意気が、その後かえって同情を呼んだそうである。外吉は順調に勤務を続け、一九〇〇（明治三十三）年五月には軍令部第一局長となり、少将に昇進している。

繁子のキリスト教精神

繁子は心の温かい人であった。外吉が海外勤務の留守中に、使用人の一人がコレラに罹り、繁子自身が看病して切り抜けたという話を聞いた夫君は、さすがに驚いたらしい。また彼女は女中が茶をお客の目の前でこぼしてしまった時も、客に非礼を詫びる前に、熱い茶で若い女中が火傷でもしなかったかと気遣う人であった。もっとも現代ならばこのようなことは当たり前かもしれない。しかし明治という時代の日本は、階級意識の濃厚な社会であった。津田梅子なども一時伊藤博文邸で家庭教師をしていて、自分に対してはあんなに丁重な態度をとる伊藤家の娘が、使用人にはすげない態度をとるのは本当によくないと洩らしている（大場みな子『津田梅子』）。このことは、彼女らが米国で培ったキリスト教の精神から導き出された、神の前には何人も平等であるという生活信条が深く身についてのことであろう。

繁子は困っている人間、思い悩んでいる相手を見過ごしにすることができなかった。寒空に薄着のままの男に、思わず自分の家紋入りの羽織を脱いで与えてしまった。巡査がその男を見とがめて、盗品を着ているのではないかと確かめにやってきたという話を、繁子の孫に当たる瓜生武夫氏から聞いたことがある。ヴァッサー・カレッジ時代のことも、アボット家の娘の親友だったという人物が「繁子は自由時間の半分を診療所で寝ている病気の女の子たちの看病にでかけていた」と語っており（久野明子『鹿鳴館の貴婦人　大山捨松』)、前にも述べたように、兄の益田孝もその「紀念記」で「**米国にて教養を受けたる家庭には純然たるピューリタン式の美風あれば、繁子もすこぶる慈善心に富み、若し彼女にして資産家なりせば慈善のため如何に私財を散じたらんかと思はしめたり**」と、妹のそうした行為を裏づける証言をしている。

夫君の外吉も繁子に負けず劣らず、クリスチャン精神溢れる武人だった。後に日露戦争の戦功により授与された金鵄勲章の年金を、三十年にわたってそっくり育英事業に黙って寄付をし続けた。できそうでなかなかできないことである。夫妻揃って何ごとも人のためにと、我が身を顧みず、実に人の世話をよくした。そのために瓜生家には訪問客が絶えず、また彼らを抱え上げんばかりに招じ入れ、何かご馳走をしなければ帰らせないといった善意の逆るような繁子でもあった。

しかも健やかに育っていく子どもたちで家庭の中はいつも賑やかだったから、孫の小金克子さんの直話によると、津田梅子などもよく瓜生家に立ち寄っては、「結婚はしなくてよいけれど、こんな子どもが欲しかった」と、家族に囲まれた繁子をしきりに羨ましがったという。

繁子の心の温かさの一つの例として、彼女の慈善事業に対する関心を述べてみたい。

一八九八(明治三十一)年三月十九日午後二時より東京音楽学校奏楽堂で慈善音楽会が催された。この音楽会は東京帝国大学の哲学教授として招かれ、また東京音楽学校でピアノを教えていたケーベル博士が、珍しくピアノ独奏をするということで評判を取った会であった。その純益は貧民子女のための幼稚園を開設するための資金に充てられ、発起人には津田梅子の父の仙も名を連ねていた。その幼稚園開設を熱心に推進したのは、華族女学校付属幼稚園の保母である野口幽香と森島峰という二人の若いクリスチャンの女性だった。二人は職場へ通う途中、麹町の貧民窟を通っていった。そこで見たものは、「路傍に捨てられたような子供たちの姿」(『二葉保育園八十五年史』)であった。自分たちが保育している華族女学校付属幼稚園の子どもとのあまりの境遇の格差に、彼女らはもういてもたってもいられなかったのである。

しかし彼女たちには政府の保護もなければ、富豪の後ろ盾とてなく、いわゆる慈善家の寄付に頼らざるを得なかった。同園では「寄付の方法」として、「定期寄付」「臨時寄付」「物品寄付」という集金の方法を定めており、開園一年目の百人あまりの寄付者の中には、津田梅子と共に瓜生繁子も特別定期寄付諸氏の一人として、金二十五銭の寄付をしたことが記録されている。特別定期寄付者とは、五十銭より少ない額を毎月提供することを約束した人々のことで、十五名がいた。その他繁子は物品寄付者としても名前を連ね、「衣類七点」「衣類十五点」などと記録されている。彼女の子どもたちが成長して、身に着けなくなった衣類などを揃えて、寄贈したのだろう。

また「女高師生徒有志」という寄付者も記録されている。おそらく繁子が生徒にも呼びかけたのではないか。慈善音楽会にケーベル博士を招く労をとったのは、番町教会のミス・デントンというアメリカ人女性だったが、もと東京音楽学校教授の縁で、繁子も働きかけた一人であろう。そして津田梅子とともに懐かしい奏楽堂でのチャリティ・コンサートに足を運んだに違いない。この幼稚園は後に「二葉保育園」として、麹町から四谷鮫河橋の貧民街に移転した。

それにしても、富国強兵の陰になった明治政府の社会福祉政策の遅れに対し、黙々と恵まれぬ子どもたちを救おうとしたのは、キリスト教の精神を拠り所とした、これら明治の女性パワーであった。これらの人たちは、ウーマン・リブの平塚らいてうなどが後年、新しい女の代名詞のように有名だが、それに比して、むしろ地味な存在である。しかし彼女らは、法的な男女同権を叫ぶ前に、今の今貧しさに潰れそうな家庭の子どもに手をさしのべずにはいられなかったのである。繁子もその支援者の一人であったのだ。二葉保育園は二〇〇〇（平成十二）年で創立百周年を迎えた。

また、一八九一年（明治二十四）、石井亮一氏が日本最初の知的障害者施設「滝乃川学園」を設立した。その際の慈善市の広告が残されているが、公爵夫人岩倉久子を筆頭とした賛同者に、繁子も名を連ねている。主唱者は後に石井夫人となった小鹿島筆子だった。滝乃川学園も現在まで、国立市谷保の地に健在である。

「チャフル」な先生

女高師時代の繁子はどんな先生だったのだろう。こんなエピソードが残っている。

一九〇二（明治三十五）年春のこと、従来は女高師では、卒業生の氏名の発表は試験の成績順で行っていたが、生徒たちにとっては面白いわけがなかった。そこで生徒代表が思い切って、成績順ではなくいろは順で発表して欲いと瓜生先生にお願いしたという。この件は繁子の一存で変えることはできない事柄だと思うが、彼女は日頃から年頃の女子学生の気持ちをよく理解する、柔軟性のある教師として学生側から慕われていたようだ。今卒業していく学生の姓名を成績順に発表して、いったいなんのメリットがあろう。繁子が学校長にかけ合い、この一件はめでたく受理された。

和服姿の繁子（女高師時代と思われる）

また繁子は生徒を教えるのに実に「懇篤親切」で、その上「明朗快活」であった。そのために彼女に接する人々はみんなその人柄に「チャームされてしまった」。人格者の高嶺秀夫校長も、「瓜生先生のようなのが本当のチヤフルなのだよ、真似のできないことだ」と手ばなしだった（桜蔭会篇『桜蔭会史』）。実際、周囲をも元気づけてしまうパワーと温かみに溢れた先生だったと、誰もが彼女に感じることは同じだった。

留学仲間の津田梅子が、どちらかというと癇癖が強く、吉川利一氏によれば、「才能の恵まれぬもの、理解力の劣ったもの、因循なもの、不勉強なものに対して例の癇癪を募らせないではいられなかった」梅子は、授業の呑み込みのよくない生徒とよい生徒に対する態度に、違いを露わにしたということであるが、繁子は彼女とは実に対照的な教師であったようだ。それゆえ、梅子は性格的にも繁子といると、心が和むものがあったに違いない。

一八九八（明治三十一）年度より、津田梅子が本務の華族女学校と兼任で、繁子と一緒に女高師で教え始めている。職員名簿には従六位瓜生繁子、正七位津田梅子と記されている。この二年後、梅子は念願の「女子英学塾」の開塾に漕ぎ着けるのである。繁子もできるかぎりの尽力をしたことはいうまでもない。

女高師を退職

一九〇二（明治三十五）年十二月、今でいう高齢出産の第七子の出産を控えた繁子は、長女千代の結婚準備も重なり、だいぶ疲労していた様子が津田梅子の書簡から読み取れる。そしてこの同じ月に彼女は東京女子高等師範学校を退職するのである。

退職理由は「神経衰弱症」となっているが、二十年の年月を教職と家庭を両立させてきた無理が身心のバランスを崩し始め、もうひたすら休息したい心境になったのだろう。また全きアメリカ人女性として成人しながら、日本人女性であることのアイデンティティの葛藤は人知れない苦労であったろう。彼女たちを幼くしてアメリカへ送り込んだ国も家族もそして時代もそこまで考えは及ばなかった。苦しむのは本人だけである。

次に掲げるのは、英語の授業を受けていた岩崎ハナという学生の繁子宛ての英文の手紙である。

先生が幸福な新年をお迎えになりましたことを慶び申し上げますとともに、御一家のいっそうのご繁栄をお祈り申し上げます。この冬休みを私は家に戻り、楽しく過ごしました。

けれども次のことが気にかかって居ります。私は昨年新聞で先生が引退なさることを知りました。私はとても驚きました。たしかに〔昨年〕私どもがお聴きしました最後の授業の際に、そのような噂がございました。けれど私はそれを信じることができませんでした。そして私どもはもしその噂が本当ならば、先生の最後の授業の際にお話があるのではないかと考えておりました。したがって、もしそうでなかったら私たちは皆喜んだに違いありません。

残念なことに私の考えたことは間違いでした。でも私は次の二つの方法で自分を慰めることができます。その一つはお宅は市内におありになるので、たびたびお邪魔したいと存じます。もう一つは私どもがお宅にお邪魔しました折には、もし私どもの英語の勉強にいくらかの進歩が認められましたならば、お喜び頂ければ幸いです。

書きたいことは山ほどありますが、私の英語力があまり貧しいので、この短い手紙で終わりにいたします。どうかいつもお元気でお過ごしくださいますように。

お宅にお伺いいたしました節は、〔英語の〕会話のコツをお教えください。

先生の真摯な生徒である　岩崎ハナ

一九〇三〔明治三十六〕年

繁子は最後の授業になぜ辞めることを生徒に告げなかったのだろうか。この手紙の生徒岩崎ハナは、繁子のアメリカ留学以来使用しているサイン帖にも署名があり、大阪市から女高師に学びに来ている非常に熱心な、そして文面から繁子のファンといってもよいような感じである。繁子は末子の勇の誕生を三月に控え、九年ぶりの出産準備に年が明けたのである。

第六章　瓜生家の日露戦争

武雄の海軍兵学校入学

瓜生家の長男武雄は学習院中等部を卒業して、一九〇二（明治三十五）年に父の後を追って、海軍兵学校の入学試験に合格した。武雄は夫妻にとって自慢の息子だった。

武雄は広島県江田島の海軍兵学校に第三十三期生として入学すると、母の繁子と頻繁に手紙の交換をしている。残念ながら繁子から武雄に宛てた手紙は残っていないが、武雄が繁子に宛てた手紙は二十二通が残っている。すべて英語で書かれており、武雄の母繁子に対する細やかな愛情が溢れている。それらの手紙を通じて

愛息瓜生武雄の海軍兵学校時代

繁子の人柄を窺うことができる。

家庭の人となった繁子が末子の勇を出産したのは、一九〇三（明治三十六）年三月十八日、彼女が四十二歳の春のことであった。もう産後をゆっくり休むことができるのだ。軍艦に乗り組む夫からは「決して無理をしないように」との手紙が届く。結婚した長女の千代も次の年に一児を出産したので、繁子から電報を受け取った外吉は、「おばあさんよ、身体を大事にしなされ」とユーモラスな返信をして、彼女をいたわるのだった。

次兄・克徳の死

繁子の二番目の兄益田克徳は、東京海上火災保険をはじめ、多くの会社の重役を兼ねていた。克徳は茶の湯をよくした。一九〇三（明治三十六）年四月六日、大阪の平瀬家の茶道具の入札に出かけようとして突然倒れ、三日後に急逝してしまった。まだ五十二歳という働き盛りであった。

彼の家は繁子の家とは近く、武雄の手紙にも、「根岸のおじさん」として登場してくる。武雄はその訃報に接し、一九〇三（明治三十六）年四月十一日付で繁子に宛てた手紙で次のように記している。

> 母上様。かわいそうな根岸のおじさんの悲報を知りました。…それは何にもまして予測していなかった出来事で、誰からも愛され、快活な性格と優れたユーモアによって、周囲の人々を明るくしていた人物を失って、これまでになくみじめな気持ちになっている自分を深く感じています。もう一度彼に会って、本当に機智に富んだ会話を聞くことができればと思います。しかし彼はすでにこの世を去り、彼の声が聞かれるのは、私たちの記憶の中だけです。
> （略）まだ母上様がたぶん寝込んでおられるだろうと思い、書くのを躊躇しておりました。彼の死の打撃は母上様が一番受けておられるだろうと思うからです。

克徳の死で、末子の勇を生んだ直後の繁子の身を思う、武雄のなんという優しさであろう。

生前の克徳は、まさに通人気質の人物で、克徳一家と瓜生家の交情には深いものがあった。繁子にとっては、本当に頼りになる巨軀の兄であった。夫の外吉とも気が合ったらしく、克徳の家の玄関口で、海軍で鍛えた大声よろしく「益田おるかー」とか何とか言って入ってゆくのを、まわりの者たちも懐かしく記憶していた（大塚栄三『益田克徳翁伝』）。

克徳は、素人歌舞伎などに浮き身をやつしてはいたが、海上勤務につく外吉の艦の将兵に、千本の手拭を贈るという気配りも見せた。国のために一心に働く妹の夫を心から援護したのである。

日露開戦も近づく気配であった。

艦上より「My Dear Wife」

外吉は一九〇三(明治三十六)年四月十二日に常備艦隊司令官に任命された。彼は常備艦隊司令官として、高千穂、浪速などを率いて朝鮮・中国の沿岸を巡航した。この時の航海で、彼は艦上から盛んに繁子に手紙を寄越している。いずれも旅順港沖合いとか、朝鮮半島の済物浦《さいもつぽ》、上海などからの発信である。繁子も多くの手紙を外吉に宛てて出しているはずだが、一通しか残っていない。その理由は後でおわかりいただけるだろう。

彼は清国・朝鮮に上陸すると、各国公使館主催の舞踏会に出席したり、また大韓帝国の高宗皇帝と清国の光緒帝にも拝謁する。天津では袁世凱に会い、時間の都合で招待を断わると、袁世凱は特別に手配した列車で各地を旅行させてくれた。天津領事の伊集院彦吉もたいへん親切にしてくれた。八月には北京を訪問し、内田公使とともに、西太后と光緒帝に拝謁した。一九〇三(明治三十六)年八月十一日付けで外吉が繁子に宛てた「My Dear Wife」の手紙には、映画『ラストエンペラー』のシーンさながらの、落日近い清朝宮廷の様子が描写されている。

北京から八マイルほどの万寿山の宮殿で、両陛下は夏を過ごしておられました。西太后は玉座につ

き、陛下［光緒帝］はその隣に一段下におられました。西太后は七十歳くらいですが、ふくよかで、五十歳くらいに見え、背は高くないという話です。彼女は四億の中国人の前では全能です。何事についても、誰も彼女にあえて抗いません。拝謁の際は大臣全員と親王たち、それに多数の役人たち（約百人）が列席していました。婦人たちは玉座の背後から覗き見をしていましたが、彼女たちは誰も儀式には参列しませんでした。

陛下はわれわれに宮殿の庭園を見たくないかとお尋ねになりました。総理大臣の慶親王が庭を案内してくれました。直径半マイルほどの大きい池があり、その水はきれいで青く、中国のこの付近では珍しいことです。外務部が昼食を出してくれました。謁見は大成功でした。

また清国の牛荘《ニューチャン》をロシアが占領していたが、当地のロシア人文民知事が日本の艦隊司令官を表敬訪問し、瓜生司令官も答礼訪問をしている。日本とロシアの対立はまだ表面化していない。

繁子が春に生まれた勇の写真を送ったら、「利発そうな子だ」と満足そうな父であった。

日露開戦

一九〇四（明治三十七）年二月九日は日露戦争の開戦の日である。このたびはいよいよ瓜生外吉の出番であった。

三国干渉、義和団事件を踏まえて、満州への積極的進出を図ったロシアは、清国との間に締結した満州還付条約に違反して、一九〇三（明治三十六）年四月を期限とする第二期撤兵を履行しなかった。さらに五月に入ると、鴨緑江を越えて朝鮮側河口の竜岩浦に進出し、同地の経営に着手した。日本政府は、満州に加えて朝鮮進出の気勢を示すロシアの行動を黙視できず、対露交渉を開始するが、最終的な譲歩を引き出せないまま、開戦への決意を固めるのである。つまりロシアの南下は、日本にとっては死活問題なのであった。

外吉は、一九〇三（明治三十六）年十二月に新たに第一、第二艦隊から成る連合艦隊が編成された時に、第二艦隊第四戦隊司令官に任命された。さらに一九〇四（明治三十七）年六月には、海軍中将に昇進している。

日露戦争では従来、連合艦隊司令長官東郷元帥が常に英雄視されているが、海戦というものは、海軍省・軍令部・連合艦隊が三位一体となって行うものであり、作戦は軍令部が立案する。田中宏巳氏によれば、連合艦隊という画期的な艦隊編制を立案したのは、一九〇〇（明治三十三）年五月から一九〇三（明治三十六）

年四月までの三年間を、軍令部第一局長として対露戦に向けて研究を重ねてきた瓜生外吉その人であろうという（田中宏巳『東郷平八郎』）。

明治三十年代までは、未だ海軍力に不安のあった日本が大国ロシアと戦う場合、どのようにしたら、そのなけなしの艦艇をかき集めて、最も効果的に戦えるかという観点から、合理的・科学的な艦隊編制と戦法を研究するため、軍令部第一局長の瓜生外吉のまわりには海軍きっての俊秀が集まったのである。次長の伊集院五郎、第一局員の山下源太郎、第二局長の藤井較一などの長い外国生活の経験者が、自由な雰囲気の中でアイディアをぶつけ合ったという。

日露戦争の圧巻は、周知の通り連合艦隊による日本海海戦の大勝利であるが、瓜生外吉は第四戦隊司令官として「仁川沖海戦」という緒戦の勝利を成功させた、ラッキーな提督であった。

仁川沖海戦～緒戦の勝利

では、瓜生司令官が指揮をした「仁川沖海戦」というものは、どのような海戦であったのか。

陸軍韓国派遣隊を乗せた輸送船を護衛して、一九〇四（明治三十七）年二月八日に佐世保軍港を出航した第二艦隊第四戦隊と第九・第十四艇隊は、第四戦隊司令官瓜生外吉の指揮のもとに仁川へ向かった。この時の仁川港には、ロシア、イギリス、アメリカ、フランス、イタリアなど、列国の軍艦十数隻が碇泊していた。

翌二月九日、瓜生司令官は、ロシア側および当時仁川港に停泊中の列国の軍艦に対し、戦争の開始を告げるとともに、この日の正午までにロシア軍艦が仁川港を出航しなければ、湾内で砲撃を開始するから、列国の軍艦・汽船は碇泊の場所を変更されたいと要請した。この文書は司令官自らが、さらさらと英文で書いた。果して、アメリカ以外のイギリス、フランス、イタリアの三艦長より、また各国領事からも強い抗議はあった。しかし瓜生司令官は「ロシア兵は鴨緑江を渡って、すでに深く朝鮮に侵入して中立を無視し、朝鮮もまたそのなすがままである今日、我ひとり仁川の中立を尊重する理はない」として、先制攻撃の決意を固めたのであった。

これに対してロシア砲艦ワリヤークの艦長は、列国の艦長に、仁川が中立港であるとして、ロシア軍艦の港外退去にあたりこれを保護して欲しいと要請したが、拒絶されてしまう。そこでやむなくコレーツとワリヤークの両艦は、逃れ去る決意を固めて、午後〇時十分に出港すると、待ち構えていた日本艦隊は七千メートルの距離から集中砲火を浴びせた。両艦は沈没寸前で湾内に逃げ込み、ついに自爆して果てた。この海戦がロシアへの事実上の宣戦布告となった。

この海戦について現地の新聞は、「砲火たちまち相開かんとするや、日露両国軍艦の投錨しおることとて、港外の壮観いはん方なく、各国居留民の視線一に帝国艦隊に集まりたりき」と報じ（鈴木孝一編『ニュースで追う明治日本発掘7　日露戦争II 旅順攻防戦、八甲田遭難の時代』）、こわいもの見たさの見物人は鈴生りで、日本からの民間の汽船も、目の前の海戦をとっくりと見物できたのである。

この仁川沖海戦の勝利により、日本軍は韓国西海岸への上陸作戦が可能となり、日本海軍将兵の意気を高め、以後の戦局を有利にしたとして高く評価された。瓜生家にはその当時の朝日新聞の号外が残っている。「我艦隊は一の死傷者なく、艦隊も損害なし。軍気大に振ふ」として、日比谷公園では提灯行列などもあった。もちろん当時も反戦を唱える人はいた。その一人である内村鑑三（宗教家・評論家　一八六一〜一九三〇）でさえも、緒戦の勝利に大声で「帝国万歳」を三唱してしまった、と自ら語っている。

外吉はこの海戦後の二月二十一日に、繁子に宛てて次のような手紙を書いている。

東京ではロシア人に対するわれわれの勝利で喜びに満ちていると聞いています。［益田］孝さんの弟

［英作］が祝電をくれました。…山下の家［長女千代の嫁ぎ先］の集合写真も一緒にとどきました。不思議なことに写真をのせた汽船はわれわれが戦闘を開始した時に到着したので、その船はわれわれが砲撃しているのを見ていました。つまり私の孫［長女千代の生んだ赤児の写った写真なのだろう］は、おじいちゃんの戦いを見ていたわけです。

政府が一カ月のボーナスをくれたので、三井物産を通じて三百円を送ります。戦争中はあまりお金を使わないので。「塩煎餅」と「羊羹」がなくなりましたので、それらを佐世保宛てに送ってください。われわれは精神溌剌としています。そのうちに、良いか悪いかはともかく、驚くようなことを聞くことになるはずです。……

武雄もわれわれの勝利を熱烈に祝う手紙を書いてきました。

［このたびの仁川沖海戦で］済物浦では二十四名の負傷したロシア水兵が［捕虜となって］おり、日本側の医師や看護婦に手当を受けています。…私は彼らに二十四缶のビスケットを「見舞い」として贈りました。

ここで「驚くようなことを聞くことになるはずです」とあるのは、旅順港内のロシア艦船を港内に閉じ込め、出入り不可能にするために、何隻かの汽船を沈める旅順港閉塞作戦を暗示している。この作戦は三回も行われたが、成功しなかった。

仁川沖海戦の勝利は、直ちに江田島の海軍兵学校にも伝えられた。むろん武雄はその知らせに歓喜した。彼は二月十一日付の手紙で、繁子に次のように書き送っている。

父上様の大勝利を聞いて感激しております。なんと素晴らしい知らせでしょう。私は今朝宣戦の詔勅を聞きました。…私たちについて言えば、私たちはここ［江田島］にいては何の役にも立ちませんので、できれば、私は俸給の一部を献金するつもりです。

さらに彼は三月七日付の手紙で、

堀氏［瓜生家の書生］は喜んで戦場に向かいました。私は彼が勲章を授かって凱旋するか、それとも戦死して戻るかのどちらかを期待しております。それは私が、父上に対して期待しているところでもあります。私は父上に倣って、戦いに赴く決心をしております。

との決意を述べている。父親が緒戦に勝利したことを、兵学校の校長官舎で校長富岡定恭少将から詳しく聴いた武雄の誇らしさと覚悟の手紙は、母繁子を複雑な心境にしたであろう。

米国紙への寄稿〜戦時体制の日本

日露戦争の構図は、日本と同盟関係にあるイギリスとそれを支援するアメリカ、他方は露仏同盟と、それと一定の距離をおきつつ東アジア政策では、ロシアを支援するドイツという対抗関係だった。

戦争が長びけば日本の軍事費が底をつくことは、最初からわかっていた。日本はアメリカ・イギリスで多額の国債を発行して、戦費を調達しなければならなかった。政府は開戦と同時に、末松謙澄をイギリスに、金子堅太郎をアメリカに派遣し、親日世論づくりのピーアールをさせた。繁子と一緒に岩倉使節団と渡米した金子が、アメリカ留学時代にボストンの上流社会や知識人との交流で築いた人脈が、三十年後、日露戦争時代に大きな力を発揮するとは、本人も夢にも思わなかったであろう。金子堅太郎は当時のセオド

夫外吉の留守宅を守る繁子と子どもたち

ア・ローズヴェルト大統領とはバーヴァード大学で知己だったので、彼に講和の調停役を務めてもらおうと期待していた。

繁子も救護活動を開始していた。まず彼女は日本人女性がいかに今回の戦争に対し真剣に取り組んでいるかを、アメリカの婦人向け月刊誌『ハーパーズ・バザー』誌に「日本の指導的な女性と戦争（“Japan's Leading Women and the War”）」と題する長文の寄稿をして、アメリカ人女性に対して理解と支援を求めた。彼女はその中で、先の北清事変当時から、奥村五百子が「愛国婦人会」という組織を結成し、「戦死者や準戦死者の遺族及び廃兵を救護すること」を目的として、上流階級の人士を説いて、必死の救護活動を展開させてきた経緯を、かなり詳しく紹介している。そして今度の戦争でも、皇族や上流階級の夫人たちが、日本赤十字病院で包帯巻きの奉仕を行うために、早朝から馬車を走らせ、夕方まで働いていること、その一人である大山捨松の会津時代からの経歴を改めて紹介している。

「しかし」と繁子は言う。

私たちは東京で「婦人慰問協会（Relief Society）」という新たな協会を結成しました。外国人女性も熱狂的にこの協会の仕事に参加してくれています。外交団の女性たちは基金の手助けとして、たくさんの

劇やコンサートを成功させております。

この「婦人慰問協会」は三十人くらいの委員から構成され、会長は毛利侯爵夫人で、その外国人会員には、イギリス公使夫人のレディ・マクドナルド、アメリカ公使館付陸軍武官夫人ウッド、ベルギー公使夫人エレアノール・ダヌタンという、各国外交団の夫人たちも参加した。

彼女らは横浜や東京で素人芝居にも出演して、相当の純益を上げる。またイギリス・アメリカからは、全国看護婦会会長が王室や政府からの派遣で来日した。後に日米関係が急速に冷え、続く第二次大戦で敵同士となった両国が、これほどに親密な時代があったのだということが信じられるだろうか。

最後に戦争による悲惨な崩壊家族の実例をあげる繁子の筆致はリアルで説得力を持つ。

若い農民が突然軍隊に召集されました。彼の妻は悲嘆にくれ、生まれて間もない赤児とこれから東京へ発とうという夫を残して死を選びました。夫はどうすればよいのでしょうか。赤児の面倒は誰が見るのでしょうか。もはや人生は国家に没収されてしまったと思いつめた彼は、狂ったように赤児を殺してしまったのです。…このような例は枚挙に暇《いとま》がない。永遠に書き続けられるほどなのです。（略）

しかし私がこの文章を書いた目的は、アメリカの婦人たちに私ども日本の婦人が行っていることに関心を持っていただくためです。もしアメリカの淑女たちが私どもの慈善活動にご参加いただき、またその助言と援助によって私どもを激励していただけるならば、あなたがたの妹である私どもは双手を挙げて歓迎いたします。

ある日のこと、繁子は自分の受け持ち地域である下谷地区の、働き手を取られた貧困家庭を十七軒ほど訪問した。男たちは二日間の通告で召集されてゆくので、残された者の身の振り方など考える余裕もないのであった。繁子の兄益田孝の三井物産の社員も五十人も出征したが、まだ彼らは後事を辛くも会社に托せるだけ、幸せというものであった。「東京だけでも一千家庭以上が貧困にあえいでいることに気付いた」と繁子はため息をつく。

当時の一九〇四（明治三十七）年三月十四付の『婦女新聞』（福島四郎）の社説は、「出征軍人の妻に職を与えよ」との悲痛な記事を掲載した。このことは深刻な社会問題となっているが、国家財政の半分近くを毎年陸海軍の軍事費につぎ込んできた政府には、留守家族の救済まではとても手がまわりかねた。

外吉は一九〇五（明治三十八）年三月十三日付の手紙で、繁子に次のように書き送っている。

私は新聞であなたがわれわれに何かを送るためのパーティー［慰問協会］を組織していることを知り

ました。今あなたにできる最善のことは、倹約して、戦死したり、負傷した人々の家庭を助けることです。戦争は長く続くと思います。あなたは常に冷静にして、何ごとが起ころうとも、勇気をもって受け止めてください。

この手紙は旅順港の港口で魚雷艇と駆逐艦の激戦があり、「我が方でも初めて若干の死傷者が出た」ことを踏まえての、繁子への覚悟を促す文面になってきている。

旅順港閉塞作戦

海軍は旅順港のロシア艦隊を封鎖するために、一九〇四（明治三十七）年二月二十四日に第一回の旅順港閉塞が行われたが、成功しなかった。そこで三月二十七日の夜に「旅順港閉塞作戦」という極めて危険な作戦の二回目が行われた。この時には瓜生司令官の部下が出撃した。外吉は同月二十九日付の繁子宛の手紙で次のように述べている。

われわれは五十六名のうち、広瀬中佐、下士官一名［杉野兵曹長］、水兵二名を失い、数名の負傷者を出しました。彼らが出撃する前に、あなたが送ってくれた「おこし（日本の素朴な駄菓子の名）」を彼らに与えました。彼らは大変に喜び賞味しました。というのは、私がこの「おこし」は特別に若い女性によって作られたのだと聞かせたからです。

出撃前の切迫した状況にもかかわらず、いくばくのユーモアを忘れず、明るく送り出す人間味溢れる司令官とその部下との関係が垣間見えるのが、何よりの救いといえようか。

私はこの手紙を読み、子どもの頃になんとなく耳にした軍歌〈杉野はいずこ、杉野～はいずこ〉と、一人艦に残って部下の杉野兵曹を探す広瀬中佐の戦死という軍国美談が、繁子の夫君によって身近に語られていることに驚かされた。この決死の作戦には二千人もの志願者があったという。瓜生司令官は志願した部下の小川機関大尉に、自分の短剣を与えて送り出している。

この頃になると家族・親族はもちろんのこと、アメリカ留学時代の知人・友人、両人が寄宿していたピットマン家の三人の娘たち、アボット家のエレンからも祝いと激励の手紙が届いた。なんと帰国してから二十年の歳月を経て、なおも彼らとの交情は、海を隔てて変わることなく続いていたのである。

緒戦においては夫は無事で、幸い号外まで出るような戦果も挙げられたが、いつ夫の戦死の公報が入るかと、繁子の心痛と不安は、多くの出征兵士の家族と変わることはなかった。しかし仮にも将兵らの命を預かる司令官の妻である。兄益田孝はその「紀念記」のなかで、「この時期妹が愚痴をこぼすのを聞いたことがない」と語っている。

繁子は慰問協会の仕事の傍ら、成長期の子どもの教育については、さすがに戦場の夫にも相談している。戦争といっても、そう絶え間なく交戦状態にあるというわけではない。特に海軍は「われわれの士官と水兵は非常に勇敢ですが、敵は旅順港から出てきて、対戦しようとせず」、ウラジオストックに集結のロシア艦隊とも「日本海をかなり動きまわったが、未だに遭遇できない」という状況であったから、外吉は夫、そして父親の立場にかえって、繁子に丁寧な助言や指示を書き送っている。

その中で、前述の『ハーパーズ・バザー』への繁子の寄稿に関しては、「戦争は長引くかも知れないので、われわれは世界の目の前で遠慮した態度をとらねばなりません。もしその寄稿の内容が戦場に関することなら、反対です」と釘をさしている。

どのような正義の戦いでも、戦争自体は決して褒められたことではなく、それゆえに勝ち戦《いくさ》を吹聴するような戦況の記述などはもっての他だ、と外吉はいうのだ。そのためかどうか、前記の寄稿文は戦況のことは一言も触れていない。

それよりも繁子には、アメリカの知人たちから訪米の招待が舞い込んだのだ。雑誌の彼女の一文を読み、心配した留学時代の知人・友人らが、今度は直接当人を呼んで、ピーアールのチャンスを提供しようとしたのである。しかし、今は招きに応ずべき時ではないという外吉の反対に、繁子も同じ考えから断わった。アメリカからは、五ドル、十ドルと次々と為替が海を越えて送られてきた。

外吉の覚悟の手紙

繁子の長女千代の夫、山下芳太郎にも赤紙がきて、一兵士として出征した。千代は生まれたばかりの嬰児を抱いて神戸の自宅を引き払い、母のもとに帰って来た。津田梅子は繁子が前線の夫を心配するのに加えて、娘とその赤ん坊の面倒をも引き受けて、もう手いっぱいの毎日をよく耐えている、と感心している。その上、貧しい出征兵士の家庭へも何かことがあると飛んでいく繁子は本当に立派だ、とも述べている（Yoshiko Furuki,“The Attic Letters”）。

一方、外吉の手紙は、千代は山下の両親のいる田舎で生活すべきで、それは彼女の〔嫁としての〕義務だと書く。けれど千代は、夫がいつ戦死するかもしれぬ不安のために、自活していけるように［女子英学塾に入り］英語を学びたいと、母を通じて相談を持ちかけるが、父は「産後の健康の回復こそ大事」と、ここは常識的に答え、娘の不安とはややかみ合っていない。

また一九〇四（明治三十七）年四月二十四日の次のような手紙も届く。

私はあなたに一月以来私のところにきた手紙の包みを送ります。その多くは仁川における私の成功を祝うものです。その中には後にあなたにとって良い想い出となる手紙があるでしょうが、いちばん良い

ものを別にして、残りは焼き捨ててください［だから瓜生家には彼女の手紙がないのだ］。

緒戦には勝利したが、次第に厳しさを増してきた戦局にふれて、再度「神の意志によるものと、何が起こってもすべてを受け入れるように」と、手紙の束を送り返してきた夫の覚悟を繁子はひしひしと感じとった。また、いかにも外吉らしい手紙も来た。

私が一月に子どもたちに送った手紙が、ある雑誌に発表されていました。あなたは何故そのようなものを雑誌記者に渡したのですか？　あの手紙はまったく内々のことで、公にすべきものではありません。私は自惚れを望みません。あなたは子どもたちが自惚れないように、厳しくなければいけません。

繁子は今や知名の人となった前線の夫を誇らしく思う気持ちもたしかにあったのだろう。それは至極当然だと思う。しかし、夫はそれを強く戒めてきたのだ。

三カ月後、病床にあった繁子の実父鳳が死去する。外吉は「父上は安らかな心境で、神のもとに召されたに違いありません。父上もクリスチャンとしての信仰をお持ちだからです」と書き、さらに旅順港の陥落（一九〇五〈明治三十八〉年一月）を心待ちにしていたらしい義父が、それを見ずに逝ったことを「気の毒なことをした」としたためている。益田鳳の死亡記事は『時事新報』に掲載された。享年七十八歳のさむらいクリスチャンの死であった。繁子の母らくとは別れ、きくという女性と結婚していたようである。らくはすでに十年前に死別していた。

日本海海戦の勝利と大観艦式

一九〇五（明治三十八）年五月二十七日から二十八日にかけて、ロシアのバルチック艦隊と日本の東郷提督率いる連合艦隊が、日本海で激突した。世にいう日本海海戦だが、瓜生外吉は、この海戦では第二艦隊第四戦隊の司令官として、上村第二艦隊司令官をよく授け、「浪速」、「高千穂」をもって敵艦を追撃する大胆な戦いで、海戦を勝利に導いた。彼はこうして日露戦争を勝利に導いた功績によって、一九〇七（明治四十）年に男爵の爵位を授けられ、さらに一九一二（大正元）年に海軍大将にのぼりつめるのである。

海軍大将・男爵瓜生外吉

日露戦争は、一九〇五（明治三十八）年五月の日本海海戦で日本の勝利が決定的となり、アメリカ大統領ローズベルトの調停で、日露講和会議が同年八月よりアメリカのポーツマス軍港で開かれた。アメリカは、ロシアにある程度の打撃を与えた後は、日本の清国への進出を抑制することが、自国の唱える門戸開放政策に適うという判断から、調停の主役を演じたのである。

戦争は終わった。繁子とともに婦人慰問協会の委員の一員として戦時下を精力的に活動してくれたベルギー公使夫人のエレアノール・ダヌタンもさすがに、「暑い気候の間、赤十字病院で奉仕するのは今日が最後の日である。私たちの中の誰一人として、この仕事［包帯巻きその他の］の一時的中止を残念に思う人はいないだろう」と日記に書いた（ダヌタン著、長岡祥三訳『ベルギー公使夫人の明治日記』）。それ以上に、繁子のような立場の留守家族は、息をつめて戦局の推移を見守った一年半であった。

一九〇五（明治三十八）年十月二十三日、日露の講和を祝う大観艦式と、東郷提督をはじめとする海軍将兵全員の東京への大凱旋式があった。

津田梅子はこの時のことを「なんと楽しい一週間であったか」と、ランマン夫人に長々と手紙を出している。

私はある軍艦への招待券を手に入れましたが、行くべきかどうか迷いました。というのは、十万人が東京から横浜に行くと予想され、しかも午前六時に波止場に集合しなければならないことを考えると、

いささか心配だったからです。その前夜一晩を横浜で過ごさねばならず、しかも次の晩に帰ってくることができるかどうか疑問だったのです。

しかし誰もが私に行くべきだといいますし、ステマツさえも、胃の具合が悪いのに、行ってみようと言っているのです。そこにシゲから電話があり、彼女たち一家が日曜日（つまり観艦式の前日）に瓜生提督の旗艦［浪速］を訪ねることになっており、しかもランチ（小型艇）でまわってくれて、観艦式当日そのままにすべてを見ることができるし、そのルートは御召艦［明治天皇の座乗している浅間］が通るルートをとるのだということでした。港全体は当日そのままに飾りつけられていますので、嬉しいことには、私たちは雑踏を避け、楽しむことができるというわけでした。

繁子の誘いに梅子の心は決まった。彼女のいつもの親切に感謝した。八時に横浜駅で繁子らと落ち合うと、家族総出でランチに乗って、十時三十分に旗艦に着いた。水兵も士官たちも誇らしげで愛想よく迎えてくれた。

湾内には約二百隻のあらゆる種類の日本の軍艦が錨を下ろし、その隣には香港からかけつけた同盟国のイギリスのシナ艦隊が八隻、アメリカは軍艦「ウィスコンシン」を祝賀に派遣してきていて、甲板にいる水兵が陽気に手を振った。

これらの軍艦は全体で五マイル以上にわたって並んでおり、それぞれが飾り立て、沢山の旗を翻していたので、素晴らしい光景でした。十一時に東郷提督が宮中で〈陛下に〉拝謁を賜るので、その時刻にすべての船から二十一発の礼砲が発射されました。私たちは、何列にも並んだ軍艦すべてが発射する焔と砲煙と砲声に、海戦を見ているようでした。

繁子の家族と梅子は艦上で昼食を供され、午後は捕獲したロシア軍艦の一隻ポンタヴァルを見学した。同艦は旅順港で沈められたのを引き揚げて、なんとか浮かんでいるように修理したものであった。繁子たち一行は、同艦の砲弾によりあけられた穴やねじ曲がった鉄板や、木造の部分が焼けただれているのを見た。繁子は夫の艦がわずかの損傷で済んだ幸運とひき比べて、この艦上で散っていったロシア兵士とその家族を思った。

翌日、海軍軍楽隊の演奏がなり響き、各艦からの祝砲が轟きわたる中を、お召艦は前日繁子たちがランチで通ったコースを進んでゆき、甲板に整列した乗員は晴れやかに万歳を三唱した。すべてが感動的な場面であった。梅子は勝利者がよく冠にする月桂樹の鉢植えを「私はそれに白い円錐形の厚紙を被せて、艦まで運ぶのはちょっとした仕事だったが、それを瓜生司令官に贈った。気に入ったようだった」と記している。

夕闇が迫り、全部の軍艦は電球で照明され、その輪郭を浮かび上がらせた。さまざまな旗が鮮やかに燃えたつようだった。人々は大日本帝国海軍の栄光を目の当たりにして、去り難い思いで帰っていった。繁子もその家族も、夫が父が死力を尽くして戦い、それが酬われたこの日を生涯忘れなかったであろう。

でも浮かれてばかりでは能がない。このたびの日露戦争は日本にとってどのような意味を持った戦いであったかを押さえてみる必要があろう。私は戦争というものを称揚するつもりはまったくないが、過去に国のために命を賭して戦った人たちがいたという事実を貶めてはならないのである。彼らの流した血のおかげで今の日本があり、私たちがこうして生活していられることをきっちりと認識しておく必要がある。

栄光の一家

瓜生一家は外吉を囲んで記念写真を撮った。その日付は観艦式の二日後の二十五日となっている。繁子は黒紋付の和服姿で、思いなしか、これまでの諸々の心労が表情に出ているのは否めないが、留守を守ってきた母親としての貫禄と落ち着きが感じられる。外吉は、あの激しい戦いを指揮してきた人とは思えない、穏やかな表情を湛えている。夫妻を取り囲む四男三女は一人として欠けずに、健康そうである。まさに順風満帆の瓜生家を象徴するような一枚である。

瓜生家はこのたびの外吉の栄光を、一家をあげて喜び合った。長女千代の従軍中の夫山下芳太郎も生還することができた。千代は自立のための英学塾行きはさっさと辞めてしまう。続く次女の忍も一九〇六（明治三十九）年十一月二十二日に「富裕でステキな男性と結婚」し、後の北海道汽船社長の峠延吉夫人となった。

大観艦式後の一家の記念写真。左から千代、義男、繁子、剛、栄枝、勇、外吉、武雄、忍

期待の星・瓜生武雄

一家の期待の星武雄は、江田島の海軍兵学校で海軍士官の道を歩むべく勉学に励んで三年目を迎えた。武雄にとって、竹敷要港部司令官、佐世保鎮守府司令長官と、次々と要職を歴任してゆく父が、理想の人であったろう。母繁子との信頼関係は、江田島から出す武雄の手紙がよく物語っている。父親が不在の時が多いので、武雄は長男として早くから繁子のちょっとした相談相手であったのだろう。ある日の手紙などは、「**私の弟らはしっかり勉強しているのでしょうか。私はそのことがたいへん心配です**」と書いている。彼女に出す手紙は全部英文である。

親愛なる母上

僕はあなたのお手紙をたった今うれしく読んだばかりのところです。あなたからお手紙を頂くことは僕の一番の喜びです。いつも繰り返し繰り返し読んでおります。

そして、ある時は「僕のテストの結果を母上はとても気にかけておられることでしょう」と、以下のように自らの成績を書き送っている

英語（作文）［甚だしく貧弱 very poor と添書］三六
英語（会話）　四三
三角法　四五
代数　四六
物理学　四八
化学　四八
幾何学　四八（五〇点満点）
その他（船体各部の名称）一二二・五（一二五点満点）
（適当な言葉が見付かりません）九六（一〇〇点満点）
合計得点　五三二・五（五七五点満点）

この結果は、武雄の所属する第十一分隊中最高点の成績だった。
こんなことも書いている。

追伸　剛［次男］にもっと注意深くするように伝えてください。彼は葉書に切手を貼ることを忘れています。

何事にも注意深くなくては自分の命を守れぬことを、兵学校の激しい訓練の中から知った、兄武雄の弟たちへのアドヴァイスである。

兵学校の候補生は毎日が訓練訓練で「昨日は水泳の試験がありました。私は千百マイルを三十一分で泳ぎました。『早ければ早いほどよい』と聞かされました。一着の候補生は二十七分だそうです。私は五十名以上の中で六番でした」。また、

レガッタは去る三日に行われました。その模様をお知らせしたいと思います。

私たちが優勝旗を獲得したと、お知らせできればよかったのですが、残念ながらそうはなりませんでした。一レースには七つのチームが参加しました。私たちは全力を尽くして漕ぎ、私たちのクルーは六点をとり、三番となりました。メダルは第八分隊の二年生のクルーに与えられ、第九分隊の一年生のクルーの一つが最高点の三十二点をとって、優勝旗を獲得しました。私たちの第十一分隊は一カ月以上も訓練しましたのに、無駄に終わりました。優勝旗は隣の部屋に堂々と掲げられています。

けれどその後「私たちの第十一分隊」は綱引きを四回して、四回とも完全勝利を収めた、との嬉しそうな報告もあり、実際、江田島の海軍兵学校は、将来の幹部候補生の能力を心身ともに逞しく鍛え、磨いていた

ようだ。武雄は優等生だった。これも両親、ことに母の繁子を喜ばせたい一心のようにも見えて、微笑ましい。生徒たちは夏の休暇が待ち遠しくてたまらなかったし、家族からの音信は彼らにとっては厳しい訓練に耐え得る大きな支えであった。

繁子は、離れて暮らす長男の武雄への切ないまでの親心であろう、手紙やクリスマス・プレゼントや雑誌や為替など、ひっきりなしに送っている。そして、その手紙に対して武雄のほうも「母上様、お手紙嬉しく拝見しました。お手紙を頂くことは、私のいちばんの愉しみです。いつも私はお手紙を繰り返し読んでおります」とまめに返信している。

武雄が帰省すると、他の兄弟が妬くくらい、至れり尽くせりの世話をしたらしい。「休暇中は手厚いおもてなしを受け、ありがとうございました。十分に楽しむことができました。私は〈家庭にまさる処はない〉ということを、実感いたしました」という具合である。

また彼は「父上からの便りで、あなたが今とてもお元気で健やかな日々を楽しんでいることを聞き、とても嬉しく思いました」と、同じく出張先の夫は妻の繁子の健康状態に心を配り、それを息子にも伝えて、三人の喜びとしている。これらの武雄の手紙から、これ以上の親子関係はないのではないかと思える、まさに絵に描いたような家族像が浮かび上がってくるのだが。

武雄は一学年の修了に際して学術優等賞を授与された八名の一人であり、また品行善良賞をも授与された。また二学年の修了に際しても、学術優等賞を授与されている。そして彼は一九〇五（明治三十八）年十一月に第三十三期生百六十九名の中、六番の成績で兵学校を卒業し、少尉候補生に任官した（海軍兵学校編『海軍兵学校沿革』）。このクラスの場合、日露戦争終結直後の卒業であったためだと思われるが、遠洋航海は行われなかった。

武雄の殉職

一九〇八（明治四十一）年五月一日、突然の悲報が瓜生家にもたらされた。

海軍兵学校三十五期生の遠洋航海のために、同年一月下旬に僚艦二隻とともに練習艦隊を構成して横須賀を出航した「松島」が、中国、フィリピンを歴訪し、帰途東シナ海から南シナ海にかかる澎湖水道の寄港地馬公港に停泊中、四月三十日午前四時頃、後部火薬庫が突然爆発して沈没し、多数のこれからという若い命が失われてしまった。

武雄はこの航海で「松島」に乗り組んでおり、不幸にも犠牲者の一人となった。外吉は当時佐世保鎮守府長官の職にあり、大村湾に艇隊検閲のために出張中であったが、三十日の午後、事故と武雄の行方不明の電報を受け取り、同夜十一時半着の列車で佐世保鎮守府にもどった。繁子は「少尉の不幸を聞きたる長官夫人は、今更驚かれたる様子もなく、自若として弔意のため来訪する客に接見し、多くの有為なる兵卒を失ひたるは痛惜に堪へずと人毎に語り居らるる」と『東京朝日新聞』（一九〇八〈明治四十一〉年五月二日）の記事が、繁子が必死に弔問客の前で堪えている姿をとらえている。記事は「同少尉は本年二十三歳にして、三十八年十一月海軍兵学校卒業、三十九年一月少尉となり、爾来朝日、高千穂を経て松島に転乗したり。成績優等の少壮将校なりき」とその略歴を伝えて哀悼の意を表している。なお武雄の遺体は四日に発見され、すぐに荼毘に付された。

「あとの六人の子どもらを束にしたって代われないくらいできの良い子」と周囲も認めていた長男の痛ましい最期に、繁子は休暇で帰省した折り、彼がよくピアノを弾きながら歌う姿を思い浮かべていた。外吉は、「仁川沖海戦」の勝利を我がことのように喜んで、将来の自分の姿を父に重ねていた武雄の、溌剌とした手紙を読み返した。しばらくして海底から引き揚げられた息子の愛用の短剣が無傷で届けられた時、夫妻は思わず声をあげて泣かずにはいられなかった。家庭人となった繁子にとって、武雄は彼女の生き甲斐でもあったろう。その小菊の装飾が施された短剣は、今も瓜生家に大切に保管されている。

親友捨松の長男高も同じ事故で殉職した。彼は兵学校三十五期生として一九〇七（明治四十）年十一月に卒業し、少尉候補生として「松島」に乗り組んでいたのである。彼は卒業式の後、練習艦隊が出航するまでの期間を過ごすために、十二月に久しぶりで帰宅した。その時の捨松は本当に嬉しそうであったが、一月下旬に遠洋航海に出発したのが、永遠の別れとなった。『東京朝日新聞』は武雄の行方不明を報じた記事の隣に、高についての記事を掲載し、大山元帥はその知らせにも「アヽ左様か」といっただけで、ふだんと変わりない態度であったが、捨松は「流石に女性、殊に母子の情として今回の悲報には深く心を悩まされ、愁ひの雲に閉ざヽれ居るは、無理ならぬ次第と、人々其胸中を察し、只管令息の無事を祈るの外なし」と伝えている。

青山斎場で合同葬儀が行われた時、留学帰国後も親しく交流していた繁子と捨松は同斎場で会ったが、互いを気遣う心の余裕さえ失って、言葉少なに別れてしまった。大山夫妻はしばらく那須野の別荘に引きこもってしまう。

瓜生家にとって、それはそれは諦め切れない一家の悲しい出来事であった。当主の瓜生武夫氏の名前は、父上勇氏（繁子の末子）が兄をしのんで、同じ名前を付けたのだという。ただし兄を呼び捨てにしたくないと、武雄を武夫に替えたのだそうである。あとの三人の男子は、いずれも父の跡を継ぐことはなく、祖父の外吉は内孫の武夫氏に期待をかけたが、武夫氏が小学生の時、戦争は終ったのである。

第七章　日米関係の改善に尽して

第二の故郷・アメリカ訪問

外吉は一九〇九（明治四十二）年四月八日に、軍事教育視察という名目で、アメリカ出張を命じられた。外吉はこの時、一年前の最愛の息子武雄の死に、ぼんやりと気落ちしている繁子を励ますかのように、一緒に行こうと提案した。彼女も思いがけないチャンスに、喜んで同行することにしたのである。しかも出張の真の目的は、当時緊張しつつあった日米関係の打開であった。

当時の日本には、よくアメリカを識り、通訳なしで十分な意思伝達を行えるカップルは、夫妻以外にはいなかったと言っても過言ではないだろう。

アメリカ合衆国政府は日露講和会議の最中に、鉄道王ハリマンに日本を訪問させ、南満州鉄道（満鉄）の日米共同経営を提案した。この案には財政難に悩む日本政府も賛成し、桂太郎首相は予備調印をした。ところが入れ違いで帰国した小村寿太郎全権に、共同経営案は講和条約に違反すると強く反対され、政府はハリマンに対して取り消しを申し入れたのである。それを機に、戦争中には熱狂的に日本を支持したアメリカの態度が次第に怪しくなり、各地で日本人移民の排斥運動が起きるようになった。

サンフランシスコ市議会は一九〇六（明治三十九）年十月十一日に、すべての日本人の公立学校入学禁止を決議した。

翌一九〇七（明治四十）年五月、サンフランシスコとカナダのヴァンクーヴァーに排日暴動事件が起きる。さらに一九〇九（明治四十二）年から十一（同四十四）年にかけてカリフォルニア州議会に日本移民の農地買収禁止法案が上程された。

このように、日露戦争後の日米関係は日増しに悪化してゆき、アメリカ議会はアナポリス海軍兵学校への外国人受け入れ拒否を決議した。またアメリカ海軍は一九〇六（明治三十九）年には「オレンジ・プラン」という対日作戦計画を立案するまでになった。ただしこのプランは軍部内のものであり、大統領が計画に参加することはまだなかったのである。特にこれから述べる「ワシントン会議同軍縮会議」で決められたワシントン体制が機能していた時代は、大統領も国務省も、この計画には距離を置いていた。

しかし夫妻がサンフランシスコに到着すると、海軍省は歓迎員を派遣して、非公式ながら国賓待遇で迎えたのである。排日の中心地であったサンフランシスコの新聞も、口を揃えて歓迎の意を表した。夫妻は特別列車でアメリカ各地を訪問し、多くの人々と親しく言葉を交わした。夫妻の訪米は「寒村僻地までも」知れ渡った。

実は、このアメリカ訪問は、アナポリス海軍兵学校の卒業生で、今は大実業家で親日家のロバート・M・トムプソンという一個人の誠意ある手紙が在米の高平全権大使を通じて、日本政府を動かした結果であった。彼は日米関係の親善のため、来春に行われるアナポリスの同期会に貴国政府が瓜生外吉中将を派遣せられては如何と提案してきたのであった。

アナポリス再訪

外吉の母校アナポリス海軍兵学校では、礼砲を轟かせて夫妻を歓迎した。

当時のアメリカでは、戦争がなかったために軍艦も少なく、同級生は軍務に就くことを諦めて、実業家や法律家に転じて各州に散っていった。同校の一八八一年クラスの卒業生は、自分たちの中でただ一人外吉だけが実戦の英雄になり得たことに、羨望と誇りを感じて、興奮せずにはいられなかったのである。

彼らは外吉がロシア軍艦を撃破した時には、主なき祝賀会を催して、気勢を上げたそうだ。日本海海戦の四カ月後、アナポリスの校内誌 The Evening Mail は「アナポリス卒業生が輝かしい勝利を得たことは、われわれ米海軍士官にとっても大いなる誇りである」と、賞賛の言葉を外吉に贈った（鎌田芳朗『大将「瓜生外吉」』）。

夫妻はニューヨークでもあらゆる方面の歓迎会に忙殺された。ことに排日感情を煽る一方の旗頭であったハースト系新聞の総主筆のブリスベーンが、歓迎昼食会に進んで出席して、外吉に握手を求めて話題となった。妻を伴った外吉の、誠実で献身的な日米友好の努力は、各地でアメリカ人の心（国民感情）を和らげたのである。

しかも最も盛り上がったのは、ワシントン市のメトロポリタン・クラブでのアナポリス同期会の晩餐会であった。当夜の会場には日米の国旗が交叉して掲げられた。またほとんど異例とも言うべきことには、タフト大統領自身がこの晩餐会に出席し、「日米親善は望むところであり、私は両国間に開戦などという、愚にもつかぬ風説を永劫に消し去るために来たのである」と挨拶をした。

これによって会場はいやが上にも盛り上がった。かの伊藤博文も小村寿太郎もホワイトハウスを訪れて大統領に会見はしたが、大統領が彼らに会見するために出かけてはこなかったのであった。

一方繁子も、ほぼ三十年ぶりに懐かしい母校ヴァッサー・カレッジを訪問した。ちょうどカレッジの卒業の季節であった。

繁子は卒業生を前に祝辞を述べ、日露戦争の時の日米の因縁浅からぬことを強調し、戦時中のみなさんの支援を心から感謝していると挨拶した。また日本女性もこのたびの戦いで、ただ言われるままに戦争協力をするのではなく、なぜ戦わねばならないのかという認識を持って、組織的に活動する知恵と意識とを自覚したこと、自分の留学当時の母親のように、ただ夫に仕えるための努力がすべてであると考える女性ではないことを語った。彼女はまたその後で、テーラー学長と外吉と三人で、当時のアメリカの教育制度と日本のそれとを比較して、女子教育の在り方についても、日本のやり方で進んでいることを語り合った。

この時彼女は、日本から持参してきた菊の紋章入りの銀盃をカレッジに寄贈した。新聞は「この銀盃は、男爵夫人が日本での教育者としての働きを評価して、皇后から下賜されたもので、千ドルの値打ちがある」と報じた。

上：ワシントン市、メトロポリタン・クラブのアナポリス同期会（矢印が外吉）
下：アナポリス同期会、夫人たちのディナー（矢印が繁子）

上：ヴアツサー・カレッジを訪問。繁子が歓談するはテーラー学長か
中：ヴアツサー・カレッジにて。友人らと繁子
下：母校を訪れ、
皇后より下賜の銀盃を寄贈する

私たちは幸福です

以後夫妻は欧州を巡って帰国したが、その時に外吉の秘書役を務め、後に伊藤忠商事の創設者となった伊藤忠兵衛が、その書簡の中で面白い感想を書き残している。

男爵海軍大将《（ママ）》の奥さんなら貞淑そのものと思っていたら大違いで、よく口げんかをなさる。奥さんは全く思想から態度が外国式であった。それも英語で丁丁発止とやるので、さっぱりわからず、唐人の寝言とはこのことだと、不思議な気持ちで夫妻を眺めたものです。

彼はこの時歯痛を起こした外吉に代わって、繁子の手をとって船上のディナーのエスコートをした。アメリカの新聞は「瓜生夫妻の第二の故郷訪問」とか「夫妻の銀婚式後の旧婚旅行」などと書き立てた。外吉はアメリカ人の記者団のインタビューに「対等な英語の話せるパートナーとして、私たちはうまくやったと思う。良いマナーで躾られたヴァッサーの卒業生と結婚してよかった。私たちは幸福です」と、妻を傍らにきっぱりと言い切った。

当時、まだ日本は女性の参政権の認められていない、男性優位の社会であった。夫が人前で妻の内助の功を大きく認めたり、愛情表現と思われる言葉を口にしたりすることははばかられた。外吉はアメリカ人の記者団の前なので、かくも率直に語れたのであろう。

このアメリカ訪問の旅は、繁子にとって、身をもって日米関係のかけ橋たらんと志す夫を助ける最初の旅となった。繁子の場合、内助の功はその家庭内にとどまらず、そのまま社会的・国家的な貢献に結びつき、中年以後の彼女の人生の視野をさらに広げてゆくのである。

留学生仲間の大山捨松は、「死ぬまでに一度でよいから、あの黄金のような青春の日々を過ごしたアメリカの地を訪れてみたい」という願いもままならない不自由さを嘆いている。どの写真を見ても、彼女は公爵夫人という身分の重荷を背負って、悲しげである。それに比べて繁子ははるかに自由だった。彼女はアメリカで受けた教育を祖国に還元することの楽しさと、逆カルチャー・ショックに立ち向かわねばならぬつらさ――ことに言葉の問題――も十分に味わってきた。それだけ

欧州に立ち寄つた、外吉と繁子

にいちばん身近な夫と英語で話し合えることは、一緒に留学した大山捨松の生活環境に比べれば、何倍も幸せであった。しかも繁子の兄弟たち（孝、克徳、英作）も、当時としては驚くべきことだが、みな達者な英語を操ったのである。子どもたちが成長して自立すると、またピアノ教授をするという特技にも助けられた。親類筋の伝聞では、一九一〇（明治四十三）年頃、彼女は内親王のピアノ・レッスンのためによく家を空けたという。

さて米国から帰国後、夫外吉は最終の任地として、横須賀鎮守府司令長官の要職に就いた。当時は、もう雲の上の地位であった。その夫人ともなれば、さまざまな名誉職が舞い込んで、人々の敬意の眼差しの中で暮らせたのだろう。自然外出も多かった。忙しく日々は過ぎていった。

長男武雄の死はたしかに痛恨事ではあったが、その悲しみを紛らす手だては、繁子には十分にあったのである。津田梅子も一九一一（明治四十四）年十月二十二日付のランマン夫人宛ての手紙で、当時の繁子のことを大山捨松と比べて、次のように記している。

シゲはいつも陽気で忙しくしています。彼女は夫君の地位のおかげで、多くの責任を持たされ、沢山の仕事をこなしています。彼女はそうした生活のすべてと高い地位が気に入っています。彼女には多く

の孫がいて、家庭生活は幸せで、可哀そうなステマツよりもはるかに幸せです。ステマツは家族も病気がちで、彼女自身もあまり丈夫ではありません。

ところで繁子は中高年になっても言葉に苦労した。小田原で子どもの下駄を買いに行って、「鼻緒は『ところてん』にしてください」、といって下駄屋を驚かせた。当時流行の「コールテン」の鼻緒のことだったのである。またある時、ごく真面目な客が訪れて話をしていると、繁子がすました顔で、「兄（益田孝）はこのごろ、女の内緒事を奨励しております」と言ったので、客ははっとした表情になった。傍らの夫の外吉はあわてて、「いやそれは『女の内職』のことです」と説明しなければならなかった。また彼女自身が物を落として警察に届けにゆくと、警察が届書を書いてくれといった。彼女が英語で書いて出したので、警察のほうは困ってしまったが、それでも「これで許してください」といって、押しつけて帰ってきてしまったという。

こうした言葉の苦労は、津田梅子、大山捨松にも一生ついてまわったことであろう。右のエピソードには笑うに笑えぬ言葉の難しさを感じる。

トンガリ屋根の横須賀鎮守府官舎

武雄の死の一年後、外吉は、先の日露戦役の功により二級金鵄勲章および勲一等旭日大綬賞を下賜された。以後は横須賀鎮守府司令長官が最終の任地であった。横須賀鎮守府は首都東京とも近く、海外からの海軍関係の賓客も多かった。外吉は赴任してすぐに、広い官舎の建設の必要を感じ、海軍経理部建築科長の桜井小太郎とともにその企画・設計に取りかかった。その際、長官夫人にも住みやすい官舎を造るべく、繁子の女性の立場からの意見も多く取り入れた。

二人は留学時代を過ごしたニューイングランドの建築様式を懐かしく思い返していた。そこで暖炉用の煙突のあるトンガリ屋根の洋風館と和風住居の折衷を提案した。ロンドン大学で学んだ桜井小太郎にも異論はなく、三人の創意の合作である官舎は、一九一三（大正二）年、横須賀の海が一望できる高台に完成した。庭園には季節を彩る木々も植えられた。

夫妻は、完成した官舎の内部を見てまわった。洋館の堅牢なリビングに入った時、あの赤々と燃える暖炉の傍らで、寄宿先の家族や訪れてきた友人たちとトランプゲームに興じたり、就寝前に一家で必ず神に感謝の祈りを捧げた、ほのぼのとしたアメリカの留学時代にタイムスリップしたように感じられたことであろう。

しかし、外吉はその直後に予備役を拝命して、第一線を引くことになる。外吉は、繁子の傍らで、眼下に広がる海原をじっと見つめ続けた。今日でこの海ともお別れである。すると急に武雄の貌が浮かんだ。あの悲劇の時、新聞記者に「武雄が身を軍籍に列したる以上はもとより、国家のため、身命を犠牲に供せり。従って、いつ如何なる報に接するとも計り難し。今日の事は覚悟の前なり」と語った外吉であったが、官舎が完成した今、改めて息子を失った喪失感が身に堪えるのだった。女親の悲しみとは別に、将来の海軍を背負って立つだろう息子への夢を、一瞬にしてもぎ取られた外吉の心中は如何ばかりであったろうか。

当時、海軍には戦艦の爆発事故があいついだ。乗組員による火薬庫への放火である。あの日露戦の旗艦「三笠」も乗組員の過失で沈没して引き揚げられた。瓜生武雄の乗り組んだ「松島」も火薬庫の爆発は人為的なものと推定されている。海軍内部の不祥事だけに、外吉のやり切れぬ思いは生涯消えることはなかったであろう。

トンガリ屋根の横須賀鎮守府官舎

二度日の渡米

外吉は一九一二（大正元）年十一月に海軍大将に昇進し、翌年五月には現役を退いて予備役となった。そして一九一五（大正四）年二月二十日に開幕するパナマ運河開通記念サンフランシスコ世界博覧会に副総裁として臨むため、今度も夫婦同伴で渡米することになった。外吉にとって、海外に行く時は、アメリカ仕込みのマナーを身に付け、英語を話せる繁子は最高のパートナーであった。夫妻は、なんとしても日米関係を好転させたい政府に再び白羽の矢を立てられたのである。出発の際は、東京駅と横浜埠頭でガスリー駐日米大使、政府関係者、貴族院議長、兄の益田孝ら財界人、渋沢栄一、友人、家族数十名に賑やかに見送られた。

最初に上陸したのはハワイのホノルルであった。日本人移民の子らの歓迎を受けた繁子は、感極まって涙を浮かべ、外吉は子らに「白人に負けないように立派な人間になりなさい」と心を込めて励ました。（『ハワイ報知』）

桑港には二月二十二日に到着した。日本館の開館式で、外吉は「地理上も日本と至近であり、日米の貿易上、重要な位置にある桑港での博覧会の開催は、我が国にとっても喜ばしきこと…」とスピーチした。続いて加州知事、市長、領事の沼野安太郎、組合教会牧師、司教などの祝辞のあと、一個中隊のアメリカ兵士の先導で、数十台の花自動車に分乗し、日本音楽隊のマーチに乗って街に繰り出した。在留邦人らは排日の悪い夢を振り払うかのように、嬉々としてその後ろに列を組み、夫妻は自分たちの使命の重さを感じつつ、にこやかに手を振った。

夫妻一行はワシントンを表敬訪問し、以後ロサンゼルス、サンディエゴ、そして日本人移民の多いシアトルを訪れた。繁子は各地で在留同胞婦人と誰かれとなく気軽に話し、日本人学校を訪れて激励のスピーチを行った。「四十年前（最初の女子留学生として）、私たちが当地を通り過ぎた時など、アメリカの人たちはグランド・スタンドを作って見物したくらいです」「アメリカに来ると故郷に帰ったような気がしますよ」と言う彼女の如才なさは、異国に住んで苦労をしている在留邦人の心を和ませた、と現地の新聞『加奈陀新報』は報じている。四十八日間の滞在であった。夫妻は帰国するとすぐに皇居に参内して、大正天皇と皇后からその労をねぎらわれている（『瓜生副総裁渡米記』）。

皇居に参内した折りの礼装姿の繁子

瓜生家の子女たち

では再び瓜生家の子女たちの話に戻そう。

繁子が夫とともに再び渡米した時には、次男の剛が学習院を卒業して、東京帝国大学で法律を学び、三女栄枝は、瓜生家の女子はみなそうだが、東京女子高等師範学校付属のお茶の水高等女学校を卒業すると、益田孝の世話で、政治家の森恪《つとむ》と結婚した。

森は一八八二（明治十五）年生まれで、東京商工中学校卒業後三井物産に入社すると、上海支店などを回って、動乱の中国で貿易に従事していた。その上海時代にバルチック艦隊の針路を探知し、瓜生司令官の旗艦浪速に通報したという縁があった。後に政治家に転じ、政友会幹事長・内閣書記官長を務めた豪快な人物である。彼はお坊ちゃん育ちの鳩山一郎と何故か気が合ったので、鳩山の家をよく訪れたが、必ず母の春子がそばについていて、話に口を出すのをいつも苦々しく思っていたとか。しかし彼は惜しくも一九三二（昭和七）年に五十歳で急逝した。十一歳違いの栄枝は、三十九歳の若さで夫と永別したことになる。

どういうわけか、繁子の娘たちは若くして伴侶に先立たれている。

前述の繁子の長女千代も、四十歳で未亡人となってしまう。千代の夫の山下芳太郎が亡くなったのは一九二三（大正十二）年。東京高等商業学校を卒業したのち、外交官、首相秘書官を経て、住友総本店の理事の時、享年五十二歳であった。世界一周旅行から帰国したのち、癌に冒されたのである。

カナタイプを考案するなど時代を先取りした合理的な発想の人物で、後に紀田順一郎が『読売新聞』（一九九七年十二月十三日付け）で「わが二十一世紀人」と題して紹介し、その先見性を書いている。彼が、アイウエオ五十音の配列と字画を工夫して、アメリカのアンダーウッド社に発注したタイプライターは、彼の死後、届けられた。その配列は現在でもテレックスやパソコンに活かされているそうである。

「華盛頓以来の懐かしき団欒」

一九一六（大正五）年十月二十一日の『東京朝日新聞』は「［華盛頓《ワシントン》］以来の懐かしき団欒」という短い記事を掲載した。岩倉使節団とともにアメリカに留学した五人の女子留学生の一人上田悌子と繁子・捨松・梅子が、四十五年振りに梅子の家で再会したのである。悌子は渡米したが、カルチャー・ショックのために半年で帰国したので、それを恥じて三人には居所を秘してきたという。彼女は桂川家（医師甫純）に嫁していた。この時繁子は小田原からわざわざ上京してきた。みんなで洋食を食べて、想い出話に花を咲かせた。

その時の話題のひとつが、留学当時アメリカで流行していた「ミンストレル・ショー」のことであった。梅子は黒人がステージにずらりと並んだ時の驚きを語った。子供心によほど印象が強かったと見える。そして、もう一人の留学生吉益亮子の死を悼み、「今度はみんなで吉益のお墓参りをしよう」と申し合わせて別れた。

お互いに髪はもう白髪が目立っていたし、健康状態も良くはなかった。この三年後に大山捨松はスペイン風邪から肺炎を起こして五十九歳で死亡してしまう。梅子は糖尿病を発病する。繁子もこの二年後、やはりカタル性肺炎にかかり、一時重篤となっている。

東京で開いたアナポリスの同期会

一九二一（大正十）年十一月にアメリカ大統領ハーディングの提唱によって、ワシントン会議同軍縮会議が開催された。日本の加藤友三郎首席全権は英米と同じ戦艦保有トン数を主張したが容れられず、会議の主導権を握ったアメリカにより、日本はヴェルサイユ条約でドイツから継承した中国山東省の権益の放棄を余儀なくされた。そこで加藤全権は、まずアメリカの太平洋における軍事基地の現状維持を約束させることに重点を置いた。会議の結果はいくつかの条約にまとめられ、翌年二月六日にイギリス・アメリカ・フランス・イタリア・日本の五カ国間で主力艦を制限する軍縮条約、中国に関する九カ国条約および関税条約が締結された。それとともに日露戦争中は日本に有利に働いた日英同盟は廃止されたのである。

日本側もアメリカの日本人移民排斥の挙に憤激し、一九〇八（明治四十一）年には、アメリカを仮想敵国として大演習を始めたが、戦争をしたくないのは両国とも同じであったから、日本政府としても、なんとかして日米関係の改善を期したかった。

そこで政府は外吉に対して、渡米して、同年のアナポリス海軍兵学校同期会を東京で開催することをアメリカ側に働きかけて欲しいこと、その際日本側としては同期生を国賓待遇で迎えたい旨を、内々で打診してきた。外吉はアナポリスで学び、アメリカ人気質をもよく知っているので、彼のアメリカナイズされた親しみやすさと、武人としての毅然とした性格とのコントラストからも、職業的外交官などのおよばぬ親善大使として適任であったといえよう。

今度は単身で渡米した彼は、ホワイトハウスでフランクリン・ローズヴェルト海軍次官（後の大統領）とも会い、その誠実さと率直さで議会をも動かし、同期生をアメリカ陸海軍の御用船で来日させることに成功したのであった。ただし外吉は、アメリカ側にただ同期会の開催の件を頼み込んだだけではなかった。彼はローズヴェルト次官との会談で、「貴次官のようにお若い方々の中には、多分アメリカの力を過信して、アメリカの国力を以って当たれば、世界のことは思うままになると考えておられる者も少なくないであろうが、しかしそれは大変に間違った考えである」と、きっぱりと釘を刺したのである（前出『瓜生海軍大将追悼号』）。外吉が退役後もなお、渾身の力をふるって、このように民間外交の舞台で働いたことは、日本近代史上でもっと評価されてよいのではなかろうか。

一九二二（大正十一）年七月二日、アメリカ合衆国海軍長官デンビーとその家族四名、アナポリス海軍兵学校同期生二十八名とその家族二十九名、そのほか合わせて七十二名が、ヘンダーソン号で風の強い横浜港に到着した。

海上も波浪が高いため、追浜飛行隊の歓迎飛行は危ぶまれたが、黒雲のたれこめる海上に一機が勇姿を現わし、風速二十メートルの烈風をついて船上低く飛んだ。駐日大使ウォーレン、外務省事務官、野村吉三郎海軍少将（対米開戦時の特命全権大使）と同副官、井上友一東京府知事らが同艦を出迎え、群衆は埠頭をぐるり取り巻くように一行を歓迎した。

当夜は一同新築されたばかりの帝国ホテルに旅装を解き、外吉と繁子はホテルに泊まりこみでこまごまと世話を焼いた。デンビーなどは新しいホテルの内部をそこかしこと見学して歩き、旅の疲れもなんのその、という感じであった。

では一行の日本滞在の日程を記してみよう。

七月三日（月）　休養（帝国ホテル）
　四日（火）　総理大臣（加藤友三郎首相）午餐会、午後四時アメリカ大使館において独立祭祝賀のパーティーに臨む
　　　　　　夜八時アナポリス同期会（東京銀行集会所）瓜生繁子主催の夫人招待晩餐会（三井倶楽部）、夕食後九時より観劇
　五日（水）　午前両陛下に拝謁
　　　　　　後藤東京市長午餐会（工業倶楽部）
　　　　　　午後赤坂離宮拝観

内田（康哉）外務大臣主催晩餐会

六日（木）東京平和博覧会協賛会午餐会

午後幣原大使園遊会

ウォーレン大使晩餐会

七日（金）ペリー提督記念碑を訪れ昼食

東京実業家合同歓迎晩餐会（福井楼）

この日程表を見ると、いかに日本政府が総力をあげてアナポリスの同期生に国賓待遇として歓迎の意を示そうとしているか、また政府がどれほど瓜生夫妻を信頼し、日米間の緩和を夫妻に恃むところが大きいかがわかるのである。

アナポリス海軍兵学校一八八一年次卒業生の同期会は東京銀行集会所で行われた。加藤友三郎首相、徳川家達《いえさと》貴族院議長、幣原大使、井出海軍次官、金子堅太郎、渋沢栄一、山下源太郎軍令部長、後藤新平東京市長、野村少将らを招いて、真正面に瓜生大将、両隣にデンビー長官、ウォーレン大使、向かい側にウェラー上院議員、加藤首相、内田康哉外相が着席し、海軍軍楽隊が演奏を始めた。

来日したアナポリス海軍兵学校の同期生と。右二人目より外吉、デンビー海軍長官夫妻、繁子

一行はみな若やいで、兵学校時代のニックネームで呼び合ったりした。デザートコースで瓜生外吉が立ち上がり、流暢な英語でスピーチをし、デンビー長官がこれに答え、夜の十時に尽きない話を惜しんで閉会とした。

一方、夫が同窓生のみの宴を盛り上げている間、繁子はその夫人、令嬢たちの接待を引き受け、同夜七時から加藤首相夫人、幣原大使夫人、ウォーレン大使夫人、内田外相夫人らと協力して、二十五名のアメリカ人女性を歓待した。一行の中に数人のヴァッサー・カレッジ卒業生もいて、繁子にはやはり懐かしかった。食事が終わると、彼女は一同を帝国劇場へ案内し、二階の一等席で『お国と五平』『栄花物語』などの、帝劇名物の女優劇を観賞した。言葉はわからぬながら、全員結構満足げな様子であったという。帝劇の座付作者太郎冠者は繁子の甥で、兄孝の長男太郎であった。この観劇もおそらく彼の手配によるものであろう。彼は台湾製糖その他の役員をしつつ、多くの脚本を書き、演出もした。

他の会でもさまざまな趣向を凝らし、精いっぱいのお楽しみプランを考え、瓜生夫妻はそのほとんどの日程を彼らの接待に努めた。黒紋付姿の繁子の写真は新聞各紙に連日紹介された。夫妻はこうしてまさに過密スケジュールの七日間を無事に終えることができたが、繁子には長崎まで一行の見送りに汽車に乗り込む夫の、疲労濃い顔色が今にして思い返された。

外吉の発病

すでに還暦を過ぎていた夫妻（外吉六十五歳、繁子六十一歳）は、自分たちが国家レヴェルの日米親善の主役であることの強烈な自覚と、遠来の客人たちの満足げな様子に、疲れも吹き飛ぶ思いであったが、外吉の心身の疲労はすでに極限に達していた。

秋が来て冬になると、外吉は明らかにその時のストレスが引き金と思われる難病を発して、倒れてしまった。これは現代でいう膠原病であった。こうして繁子の晩年は、夫の看病に明け暮れる日々となったのである。この病気は原因不明で、皮膚、筋、関節などの結合組織に炎症変性が起こり、膠原繊維が増える慢性疾患の総称で、リウマチ、エリテマトーデス、強皮症などを含み、そのうちでも強皮症は膠原病の代表的な疾患とされるという。これに冒されると、関節痛などを伴い、皮膚は浮腫に始まり、硬化萎縮へと進む（硬化症）。

小田原の邸の庭にて。おだやかな晩年を過ごすふたり

外吉の症状も、指の先まで一見ガラス張りのように透き通り、節々は皮が破れてなかなか治らず、二本の指はついに曲がったままという状態となった。現在でも原因不明といわれる病気であるから、ましてや当時はろくに治療らしいこともできなかったに違いない。毎日痛み止めのモルヒネを六本も打ち続けたというから、本人はもちろん繁子の心労は並大抵ではなかったろう。

繁子の兄益田孝（鈍翁）のすすめで、夫妻は小田原の孝の掃雲台の別荘に近い、天神山という高台に移り住んで、療養生活を始めた。東海道本線の列車が時折煙をはきつつ走り去るのが、庭の端から見渡せた。孝はその「紀念記」の中で「この長年月に亘る大患に妻たる繁子の心痛は察するに余りあり、然るにこれを兄たる予にも一言も訴ふる処なかりしは健気なることといふべし」と語っている。

ところで、三井物産を引退し小田原掃雲台で暮らすようになっていた孝は、その温暖な地の利に、あり余る資産を投入して農場経営に当たった。そこでは野菜をはじめ、みかん、紅茶などが栽培され、紅茶は毎年皇室に献上するほど上質なものが収穫できた。また羊、豚、牛、鶏も飼育しており、牧場で搾られた新鮮な牛乳は、毎朝のように病中の外吉に届けられた。

孝は、瓜生家の使用人の盆暮れの心付けにまで気を配った。たとえば、「おいとに白地反物一反」とか、「おたかに一円五十銭」というように。アメリカ育ちの繁子には、おそらくそのような習慣が身に付いていなかったからであろう。

繁子は、小田原に引きこもって夫を看病している身とはいえ、兄孝の大きな懐に守られていて、まことに心強い境遇ではあった。

この小田原時代の写真を見ると、和服姿で夫外吉の枕辺に寄りそう、日本の妻そのものの繁子が写っている。

一九二三（大正十二）年九月一日には、あの関東大震災が関東地方を襲う。マグニチュード七・九、震度七、全体の死者は約十万人、行方不明者は四万人という大災害であった。横浜は全滅、鎌倉や小田原地域の被害も激しく、小田原の町は家屋の倒壊があいつぐと同時に、火災が発生した。火災は延々十四時間ほど燃え続け、小田原町の三分の二が焦土と化してしまった。瓜生家の別邸の近くには皇族の閑院宮家の別荘（幸町一丁目）もあり、ちょうど閑院宮載仁夫妻と学習院高等部在学中の寛子女王が滞在していた。その寛子女王が従者四人とともに圧死したことを知った繁子は、その令嬢をよく知っていただけに、ひどい衝撃を受けた。東京のほうでは朝鮮人が暴動を起こすといった根拠のない流言が飛び、罪のない彼らが殺害された。

繁子はアメリカ人の友人ミス・ブリテンの見舞いにこんな返信を出している。

地震で小田原の私たちの家は潰れてしまいました。七人の家族は奇蹟的にみな無事でしたが、夫［外吉］は首や肩に二本の梁が落ちてきてはさまれ、みなでその梁を引き抜かねばなりませんでした。彼は

背中に少し怪我をしましたが、多くの人々が傷ついたり、殺されたりしたことを思えば、感謝の念でいっぱいです。

繁子はここでも少しも自分たちを襲った惨禍のことをぼやいていない。自分たちより気の毒な人たちに思いを寄せ、あくまでも前向きである。一家は二週間ほど庭の仮小屋でしのぎ、病人を大阪に嫁いでいる娘山下千代のもとに避難させることに決した。幸い東京の日暮里の住まいは倒壊をまぬがれたので、息子の剛らが庭で炊き出しをして、町内の人たちのために奮闘したという。

私の親なども、昔語りにこの大震災の惨状を、繰り返し子どもたちに話して聞かせていたから、難病の夫を抱えての繁子の当時の苦労が察せられる。この時、かつて彼女が教職にあった女高師の校舎も灰燼に帰している。

繁子お祖母様のことなど

私は、繁子の孫で、当主瓜生武夫氏の従姉の小金克子さん（元郵政大臣故小金義照氏夫人）がまだ九十六歳でご健在の時、無理にお願いをして小田急線の新松田のお住まいにお訪ねした。克子さんは繁子の長女千代の娘さんで、繁子が教職を辞してから産んだ末子の勇とは一つ違いというわけであった。そして勇を父に持つのが当主の武夫氏である。昔は兄弟姉妹が多かったので、叔父と姪の年齢が同じくらいという例はいくらでも生じたであろう。

克子さんは一九〇四（明治三十七）年のちょうど日露戦争勃発の年の生まれである。ご高齢にもかかわらず、実にしっかりとしておられた。初の女子留学生のことも、問わず語りにそのいきさつを話されたあと、今まで私の知らなかった素顔のお祖母様、つまり繁子のことを語ってくださった。

克子さんの知っている繁子は、大体五十代からの印象であるが、とにかく形式ばらない、実におおらかな性格の人であったようだ。繁子は五十代でも、やはり身に付いた英語のほうがのりがよく、日本語ももちろん話すが、いささか頓珍漢な受け答えもあり、夫君との話もこみ入ってくると英語になってしまい、よく口げんかをしたそうだ。そこで芦屋の克子さんの家には、先に繁子お祖母様が来て、その少しあとから外吉お祖父様がやって来るので、また二人はけんかをしたかな、と思ったそうだ。

また繁子のもともとの思いやり深い性格が、キリスト教の信仰とあいまって、日常生活にも多々発揮されていたが、克子さんの話には思わずふきだしてしまった。それは、いつもお乞食用の財布を持っていて、それがすぐに空になってしまうことと、タンスに鍵をかけて外出するのは良いが、その鍵をタンスの上に置いていくので、家人が「それではなんにもならない」と言うと、繁子はすまして「こうしておけば泥棒が重宝するでしょう」と言ったという。一同はぽかんとしてしまったが、盗みに入る人はよくよく暮らしに困っている人なのだろうという、彼女一流の慈善の精神を言いたかったのだろう。

克子さんの記憶の中の繁子は、もう若き日のいつも忙しがっている姿ではない。七人の子女も健やかに成長し、当面気にかかることはあまりない頃の繁子であろう。千代・忍・栄枝の三人娘が姦《かしま》しくお喋りに興じ、トランプや花札にうつつを抜かしていても、そばで口をはさむでもなく、にこにこしていたという。克子さんは母の千代からも、「繁子から勉強しろのピアノを習えのと、一度も言われずに育った」とも聞いたという。周囲はアメリカにまで留学した教育者の母親がそばにいて、誰もあまり勉強もせず、ピアノも弾かないと笑っていたが、繁子本人はまったく平気だった。

一方で繁子は、孫の克子さんの英語の勉強に、スウィフトさんというアメリカ人家庭に内地留学の労をとってくれた。だけどその家の娘は日本語がペラペラだった、と克子さんは笑った。

芦屋の家には、繁子の末息子の勇おじ（当主武夫の父君）もよく遊びに来た。タレントにしたいくらいおもしろい人だった。関東大震災の折りには、小田原の家が潰れて、外吉夫妻が克子さんの山下の家に避難してきた。当時は親類同士の交流の細やかさは、今とは比較にならなかったようだ。

またピアノといえば、克子さんは結婚後は関西に住んだので、繁子がピアノを弾いたり、家で教えているようなところはまったく見たことがないと言うことであった。もっとも、克子さんの兄（文夫）や姉（信子）は、よくピアノを弾いたそうである。とくに十九世紀のアメリカの作曲家ワイマン（Addison Wymann 1832-1872）の『銀波』がお得意だった（当時は、おさらい会用の名曲としてよく弾かれていた）。客人が訪れるとこの曲を弾いて、山下家のテーマ・ミュージックのような感があったという。

祖母繁子がアメリカで学びとった「家庭を和やかにする音楽《ピアノ》」の精神を、孫たちがいとも自然に体現してゆくのである。

晩年の夫妻

「まさか歴史に残るような女性とは思わなかった。どこか浮世離れしたところがあり、ありのままの人でした」と克子さんは疲れも見せず語り終えた。

繁子が弾いたピアノ

さて、当主瓜生氏には六人の兄弟姉妹がいて、そのうちの宮本信子さんからこんな話を聞いた。一九三七（昭和十二）年生まれの信子さんは、小学校五、六年の頃、東くめという先生にピアノを習っていたが、あまり熱心ではなかった。ある日のこと、東先生はつと奥に引っ込むと、二、三枚の古い集合写真を持って出てきて、それをピアノの譜面台に立て掛けると、信子さんに「これにはね、あなたのお祖母様が写っているんです。私はこの方からピアノを教えていただいたのよ」と言うと、じっと信子さんを見つめたのだそうだ。その後瓜生家は、そのピアノを東先生の息子さんに譲られたそうなのだ。東くめといえば、滝廉太郎作曲の『鳩ぽっぽ』『お正月』『雪』の作詩者として知られ、滝と組んで学齢未満の児童に相応しい唱歌を創った人である。『幼稚園唱歌』の出版（一九〇一〈明治三十四〉年）はその成果である。

彼女の名前は一八九六（明治二十九）年七月の東京音楽学校の卒業式に、初めて旧姓の由比くめとして出てくる。彼女は結婚して東くめとなるが、夫君は東京女子高等師範学校で教育学の助教授の東基吉で、一九〇〇（明治三十三）年度の職員名簿に見え、当時繁子の同僚であった。

信子さんのお話では、繁子の弾いたピアノは黒い色ではなく、脚の部分に磨《す》りガラスで、菊の花が描かれていたという。もしかして東家の子孫の家から繁子の弾いたピアノが探し出せるかもしれないと思ったので、東くめの孫の陽一氏と連絡をとった。しかしその後、そのようなピアノは同家にはないという電話があり、期待していただけに残念なことであった。

晩年〜手記「私の青春の日々」

一九二一（大正十）年には弟の英作が五十七歳で亡くなり、繁子の兄妹は今や財界の巨頭として、また茶人鈍翁として著名な長兄益田孝が残るのみとなった。大山捨松（一九一九〈大正八〉年二月死去）もすでになく、なんでも話し合えるのは津田梅子だけになってしまった。

一九二五（大正十四）年の冬には外吉が一時重態に陥ったが、繁子や周囲の人たちの懸命な看護に、病状の進行が止まったか思うほどに回復したので、一家はみな愁眉を開いた。繁子も身体の不調を意識することもあったが、夫外吉の思わぬ回復に精神的にかなり楽になったので、自分のことは深く気に留めなかった。

そんなある日、東京に支社を持つ『ジャパン・アドヴァタイザー』紙の記者が、繁子に手記の寄稿を依頼してきた。それは一九二七（昭和二）年、つまり彼女の死の前年のことであった。

彼女はあたかも自分の生涯の終焉を予見したかのように「私の青春の日々　明治初頭の著名な人々との想い出」という手記を執筆し、それが同年九月十一日付の同紙に発表されたのである。その内容のほとんどは本文中に挿入してきたが、ざっと半世紀前を回想したものである。

時は流れ、彼女の想い出の中に登場した人物は、福地源一郎を除いて、大久保利通も森有礼も伊藤博文も、暗殺という卑劣な手段によってみな非業の死を遂げてしまった。書き終えて繁子はなぜかひどく疲れを感じ、めまいを覚えた。

その死～祝祭の歌流れる日

小田原聖公会の牧師宮沢久万象は晩年の瓜生夫妻をよく見舞った人であった。一九二八（昭和三）年四月十四日の夕方、彼は瓜生夫妻から「夕飯を一緒に」との招待を承けて、天神山の邸に向かった。四月とはいえ、「尚春寒を覚ゆる頃」であった。

外吉もその夜はとても心地よさそうに、次から次へと話題を移してゆき、食事の一品一品についてもその由来や、贈られた人たちの話ではずんだ。繁子もにこやかに時折口をはさんでいた。繁子にとっては、病人の機嫌がよいのは何よりだった。外吉は若い頃からいささか口やかましいところがあって、繁子は時々うんざりさせられていたからだ。宮沢牧師がたまたま信州上田の出身であることから、病人の親友だった世良田亮の遺族を知っているというと、さらに話がはずんだりした。仁川沖の海戦の話になると、外吉は「いや、あれはわしのやったことではない。みんながやってくれたのだ」といって、目を伏せた。彼はその謙虚な態度に真に心を打たれたと記している（宮沢九万象『瓜生大将を偲ぶ』）。

七カ月後、繁子はもうこの世の人ではなくなるのである。おそらく彼女はこの夏頃から体調が思わしくなかったのであろう。

思えば繁子のこれまでの人生は、常人ではとても経験できない波乱の連続であったといってよい。出会った人々も第一級の人物ばかりである。子育てをしながらの永い教職の疲れを癒す間もなく、夫外吉の社会的地位に伴い、その内助の功は、単なる内助に終わらぬ活躍の場を彼女に強いることにもなった。もっともそれを彼女は楽しみながらこなしたのだが。もはや病人の早飲み込みの小言をも、柳に風と受け流す、静かな心境にあった繁子だが、まさか自分が難病の夫よりも先立つとは思ってはいなかったのではないか。

休息をする間もない彼女に、ついに癌の病魔は襲いかかった。

築地の東本願寺の真向かいにあった林病院に入院した彼女は、三度に亘る大手術にも、臆することなく手術台に上がったが、病巣を除くことはできなかった。クリスチャンの夫は神に祈り続けた。

一九二八（昭和三）年十一月三日（土）、瓜生繁子は六十七歳の生涯を閉じた。前日の強風・豪雨の夜が明けると、うそのような秋晴れとなった。

この十一月三日という日は、現在は「文化の日」だが、戦前は明治天皇の誕生を記念する「明治節」であり、街の家々には日の丸の国旗が門前にはためいていた。ラジオは朝から東京市内の小学校児童が出演して、『明治節唱歌』と『奉祝唱歌』、『君が代』を流して、奉祝ムードを盛り上げていた。さらに来る十日に行われる昭和天皇の即位式が重なり、新聞は大々的にそれらの記事で埋め尽くされた感があった。

思えば三十数年前、明治政府は国民統合の手段として、さまざまな祝祭日に唱うべき曲を募って、国民に唱うように呼びかけた。その審査委員会に彼女は紅一点の委員として参加し、曲の選定に当たったことは前述した。

それらの祭日の歌はそれからずっと変わることなく国民の間に唱い継がれていたのである。そのお祭りムードをよそに、瓜生家ではひっそりと病床の繁子を一族が見守り続けた。庭には夕べの強風で倒れかかりながらも、黄菊と白菊が清楚な香りを放っていたが、その姿は次第に夕闇に紛れていった。

『東京朝日新聞』は同月四日付で「**海軍大将瓜生外吉男［爵］夫人しげ子刀自は三日午後六時市外日暮里の自邸で逝去した。夫人は益田孝男［爵］の令妹で、明治四年わづか十歳で津田梅子女史、大山元帥夫人等と共に岩倉使節団の一行に加わって渡米し、日本婦人としては最初の洋行を試みた当年のモダンガールとして、明治の話題になった婦人である**」との記事を掲載した。死亡広告には「五日午前十時より、青山斎場に於てキリスト教式を以て執行致候　喪主　男爵瓜生外吉」とある。

東京郊外の「根岸の里」とも呼ばれる江戸時代からの文人墨客に好まれた地で、繁子は静かな眠りにつく前にどのような幻を見ただろう。スマートな若き海軍士官に初めて異国であいまみえた日のことか。亡くなった最愛の息子武雄の在りし日の面影であろうか。それともバッスル・スタイルの華やかなドレスを着て、文明開化の音を聴こうと参集した人々の前でピアノの演奏をした頃の、快感と緊張の綯い交ぜになったような、若き日の自分の姿であろうか。

翌四日夜のこと、あたかも彼女への葬送の曲であるかのように、ラジオJOAKはヨゼフ・ケーニッヒ指揮のシンフォニー・オーケストラの演奏するベルリオーズ編曲の『舞踏への招待』を放送したのである。繁子の若かりし日の東京音楽学校のピアノ教授時代、この曲は記録にしっかりと残る彼女の得意のレパートリーであった。一八八九（明治二十二）年の音楽学校の卒業式典のフィナーレを『舞踏への勧誘』で飾った彼女は、以後華やかな演奏の表舞台から消えていったのである。

小康状態の外吉も参列した。彼にとって繁子という女性は、若き日に異国でめぐり合い、二人にしかわからない想い出を共有した、かけがえのない存在だった。彼のあまりの落胆ぶりに、周囲の者たちは、これで再びあの難病が再発するのではないかとひそかに心配した。

外吉はこの頃から、繁子の遺品を整理し始めたのではないかと思う。繁子留学中のサイン帖や、写真、英文原稿など、それぞれよく整理され、何か執念のようなものを感じてしまうほどなのである。ことに留学時代の「Autographs」という繁子のサイン帖は、互いに十代の頃、繁子が外吉と知り合い、サインを所望した記念の品である。外吉はこのサイン帖を常に手元に置いて、若き日の繁子を偲ぶよすがとしていただろうことが窺える。

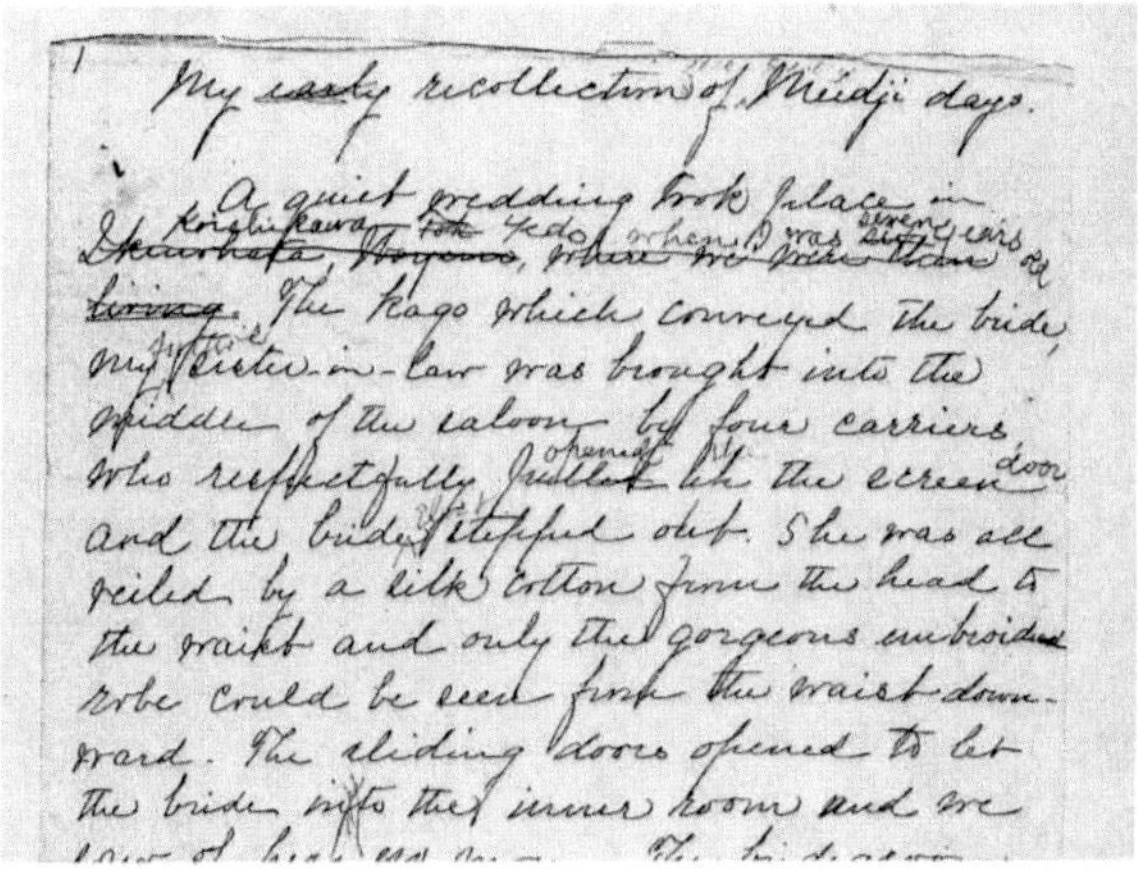
My early recollection of Meidji days.

A quiet wedding took place in Koishikawa Yedo when I was seven years old. The kago which conveyed the bride, my sister-in-law was brought into the middle of the saloon by four carriers who respectfully opened the screen door and the bride stepped out. She was all veiled by a silk cotton from the head to the waist and only the gorgeous embroidered robe could be seen from the waist downward. The sliding doors opened to let the bride into the inner room and we

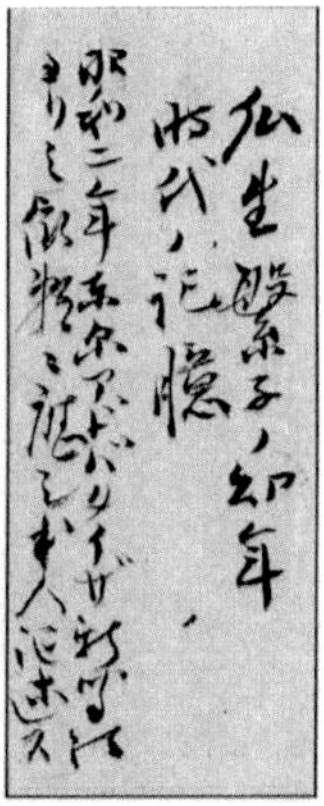
瓜生繁子ノ幼年時代ノ記憶

繁子の英文の手記「私の青春の日々」冒頭部分と、外吉による覚書き

兄・鈍翁の悲しみ

繁子の死に悲嘆にくれたもう一人は兄の孝であった。彼は美しい和紙の色紙に繁子追悼の『紀念記』を書いた。文中に時々引用している孝の語りがそれである。自分が愛する妹の運命を決定づけたという特別の思いは、次の三首の和歌にこめられている。孝八十二歳の時であった。

永訣の折
いとけなき面影いまも残りけり
　あめりかざして出でし昔の
残りにし一枝も折れてこれよりは
　老木もいかにさみしかるべき
幼な顔目にも残りて六十年の
　むかしを偲ぶ今日のかなしさ

繁子が死去して四年後の一九三二（昭和七）年十二月三日、彼はアメリカの女子大学出身の日米婦人による会合で講演を依頼された。当日は少し体調を崩して行けなかったので、彼は他の人に「わが妹の憶い出」と題して原稿を代読してもらった（白崎秀雄『鈍翁　益田孝』）。

妹は公けの大きな仕事をしたわけでもなかったので、躊躇したもののお引き受けしたのは、それを語ることによって、六十余年前渡米した九歳の女児［わが妹繁］を、さまざまに世話してもらったアメリカの人々に、遅れ馳せながら、謝意を述べられると考えた故である。…彼女は長年月、東京音楽学校と東京女子高等師範学校で教鞭をとった。妹は、大山夫人や津田嬢ほどすぐれた資質は持ち合わせていなかったが、持ち前の寛容さと良心とにより、教え子たちの心は深くつかんだらしい。…アメリカの人々は、日本からの女子留学生にさまざまな知識を与えてくれるとともに、彼女らの人格の向上に努力された。瓜生夫人の例は、多くの中のただ一つにすぎない。かかる事実を、今の世代の日本人は知らない。

（後略）

益田孝は今日米関係が大きく変化してゆきつつあることを憂慮していたのであった。そこで彼は一九三六（昭和十一）年十二月十二日には麻布善福寺にハリス記念碑を建て、その除幕式で、日米外交のため力を尽くしたハリスの想い出を熱をこめて英語でスピーチした。
彼は一九三八（昭和十三）年十二月二十八日に死去した。

外吉の晩年〜先立たれて

繁子が世を去って三年後に、末子の勇が岩下壮一神父のいとこの岩下すず子と結婚した。京大を出た勇は宝塚歌劇団の生みの親の小林一三氏と昵懇となり、阪急電鉄に入社し、以後ずっと関西に住んだ。長男武夫（当主）の誕生は、多くの孫はいても、祖父外吉にとっては初めての内孫であった。繁子を失い、得意な英語で話す楽しみもなくなった瓜生外吉の身辺はさすがにさびしくなっていたが、孫の武夫氏が大きな喜びとなった。

当主の武夫氏は四歳の頃、千坪もある庭を祖父外吉に手を引かれて散歩したことを記憶しておられた。ある秋の一日のこと、邸の柿の木が外に枝を張り、それに実がたわわになっていた。一人のいたずらっ子がその柿の実を盗ろうとして、身体のバランスを失いかけた。その時、その瞬間、老いて小さくなった老人の口から出たとは思えぬような「危ない」という響きのある大声が、今でも耳の底に鮮明に残っているという。

外吉の病は、一九三四（昭和九）年五月三十日の東郷元帥の国葬にも参列することができるまでによくなっていたのに、病が再び頭をもたげてきたのは、それからすぐのことである。普通の人間なら、この絶えず痛みを伴う病状に打ちひしがれてしまうところだが、外吉は海軍できたえた強靭な精神力とキリスト教の深い信仰のもと、繁子亡き後の九年間を果敢に生きぬいたのである。

外吉は東京からの見舞客に「なに、東京からおいでなすった。奇襲じゃね」などと言ってそばの者を笑わせた。枯木のような痩身に似合わぬ言語の明晰さは、その昔「浪速」や「高千穂」などの艦長として、部下に号令した指揮官の面影をかすかに感じさせた。

外吉は見舞いに訪れる人と時局を論じ、日本の行末を案じた。ロンドン海軍軍縮会議、満州事変、日中戦争などについては、日露戦争の直前まで外吉の参謀だった森山慶三郎中将を自宅に呼び寄せて、その成り行きを聞き、それらに伴う日米のぎくしゃくした関係改善を熱望し、病身の我が身をはがゆがった。

一九三六（昭和十一）年十一月三日のこと、この日は繁子の八回目の命日であった。宮沢久万象牧師によれば、外吉付きの看護士が「御夫人の祈念の祈りをしたいが」と教会に見え

東郷元帥の国葬に参列する、杖をつく瓜生大将

たので、定刻に御伺いすると、他にも一、二の方も見えて、聖公会の様式による祈念式をした。大将はずっとベッドで目をつぶって静かに静かにしておられ、終わると、「わしは数日前も親しい米国の友人をまた一人失った。ピットマンと言って、この人には随分御世話になり、帰国してもずっと非常な情誼を受けて居た。今訃音に接して実にさみしい。今日はその人をも祈念するのだ。あの頃はよく讃美歌を唱ったものだよ。今でも覚えている」といって、『はるかに仰ぎ見るかがやきのみ国を』(讃美歌四八八番)というのを英語で唱われた(前出『瓜生大将を偲ぶ』)。

繁子が逝って八年、外吉の心には彼女の居ない日はなかったであろう。そして留学時代のホームステイ先のピットマンの訃報を聞き、繁子の居たアボット家と同家は親しく行き来していて、繁子と知り合った若き日のことが二重写しとなってよみがえってきたのだろう。

絶筆となった書簡

一九三七（昭和十二）年七月、盧溝橋事件を発端に、日中戦争が勃発した。外吉は病床にありながらもその行方を深く案じた。かつて繁子とともにあれほど親善に努めたアメリカの、日本に対するバッシングは、どれだけ心外であったろう。

彼は死の二十日ほど前にアナポリス時代のクラスメートだったウェラー上院議員に宛てて、次のような内容の書簡を送っている。それは外吉の死の前日、つまり一九三七年十一月十日にウェラーの手許に届き、これは同月十二日の『ニューヨーク・タイムズ』紙に「Dying Hero Wrote for Peace（平和を求めた病中の英雄）」として掲載された。

　新聞報道によると、アメリカでは最近の日本の中国における行動が、さまざまな疑惑を生んでいるということである。自分としてはその誤解を解きたいと考えている。日本は、現在中国で軍事行動に出ているが、それは東アジアに平和と安定を確立するためである。そのためには中国に安定した統一国家が生まれることが必要である。中国の不満は、今から百年以上前、欧米諸国が中国を分裂させ、不平等条約を押しつけた時から始まった。日本もその一員に加わったが、それは日本の国家としての生存がそのことにかかっていたからである。

最近の中国の動きは、外国の支配を払い退け、真の意味での独立と自由を獲得するためのものである。その場合、それはしばしば暴力的な排外運動の形をとってきた。イギリスもアメリカもそうした経験をしてきた。今や日本がその目標となっているが、その際諸外国もこぞって日本を非難し、自分たちの責任を転嫁しようとしている。

現在日本が戦っている相手は、中国の暴力的な反日政策と共産主義の脅威である。中国はこうした反日政策を組織的に行い、学校でも反日教育を行っている。その結果日本人に反抗する学生運動、殺人、その他の暴力行為が盛んに行われるようになったのである。これに対して日本人はこれまで友好協力の精神に基づいて事態を打開しようと努力してきたのである。事態は共産党の脅威が現実のものとなってからさらに深刻なものとなった。この説明が受け入れられれば、これに過ぎる幸せはない。

しかし、外吉の思いも空しく、その後も日中関係は泥沼化してゆき、さらに四年後の一九四一(昭和十六)年十二月八日、当のアメリカ、イギリスを相手に太平洋戦争に突入したのは歴史が語る通りである。

もしも外吉が生きていたなら、絶望的な悲しみに襲われたに違いない。知らぬままに天に召されたのは、彼にとってせめてもの幸いであったろう。

かがやきのみ国

外吉はこの夏を強羅の益田家の別荘で過ごした。八月の下旬に小田原の自邸に帰り、引き続き療養を続けていたが、秋になり、ふと風邪をひいたことから衰弱し始め、海浜病院に入院した。亡くなる二週間ほど前の十月二十八日のこと、近親者も集まり、重態の床で宮沢牧師は祈りの後、外吉の好きな讃美歌四八八番を唱った。

一　はるかに仰ぎ見る　かがやきのみ国に
　父のそなえましし　たのしきすみかあり
　　われらついに　かがやくみ国にて
　きよき民とともに　み前にゆかん

二　かがやくみ国にて　憂きも悩みもなく
　たのしき声あわせ　たえずともに歌わん
　　われらついに　かがやくみ国にて
　きよき民とともに　み前にゆかん

三　父の愛あふれて　さいわい身にあまる
豊かなる恵みを　とこしなえにたたえん
われらついに　かがやくみ国にて
きよき民とともに　み前にゆかん

外吉は「あんたはよくそれをわしの好きな歌だと覚えて居るな」といって、やおら英語で“Ther's a Land tha is fairer than day”と唱い出した。重態とも思えぬ声であった。その時彼は心の中で伝道集会のことを思い描いていたらしかった。「今日のお集まりは成功であったな」と宮沢牧師に微笑みかけながら、ユーモラスに言った。

瓜生外吉は一九三七（昭和十二）年十一月十一日にこの世を去った。最後まで意識は明瞭であった。享年八十歳。彼はかねてよりキリスト教の信仰のもとに終わりたいと念じ、繁子の待つ天上の神のもとに旅立ったのである。

遺骸は東京・日暮里の家に帰って来た。横須賀海兵団儀仗兵三個中隊が整列して迎えた。盛大な海軍葬であった。「清廉、律儀、親切、友愛、正義の念の強く激しい武人であった」と多くの人が口を揃えてその死を悼んだ。

生前、小田原の邸は高台で石段を上がらねばならず、付近の道路も非常にせまかったので、自動車が通れるように町民や小田原在郷海軍軍人の奉仕で広くされた。この道路は「瓜生坂」と命名されて、現在も残っている。一九三九（昭和十四）年五月二十七日、南町天神社の石段の中途に「瓜生海軍大将之像」が建立された。

瓜生家跡を尋ねて

繁子が教鞭をとっていた頃、瓜生一家は東日暮里に住んでいた。東京都北豊島郡日暮里村大字金杉一九六番地、今の荒川区東日暮里五－十一番地である。

三月の花曇りの一日、瓜生家当主夫人の節子さんと、江戸時代からの創業「羽二重団子」の前六代目当主澤野庄五郎氏の店を訪ねた。澤野氏は、日暮里の昔を知る郷土史家でもある。この店には、よく漱石や子規も立ち寄ったと言う。澤野氏にお話を聞いた。

瓜生家の住居は、店の前の、今は暗渠化した音無川の対岸、つまり北岸にあったという。明治・大正期の北岸は、春になると一面菜の花畑で雲雀がさえずる長閑な郊村だったが、昭和になると急速に開けてきたという。瓜生大将が逝去した一九三七(昭和十二)年は、氏が十二歳の時で、沿道を埋め尽くさんばかりの人々が盛大な葬儀を見送る光景を覚えているそうである。

澤野氏が作成された明治大正期の「根岸の里」復元マップを頂いて、瓜生家跡周辺を歩いてみた。その一画のある家の女性に声をかけると、思いがけなくも「もうすっかり代替わりしてしまったけれど、瓜生さんのことは、私の母がよく話していましたよ」と言う。私にとって、これまでいちばん繁子という人を身近に感じた瞬間だった。

日暮里名物「羽二重団子」の店

またマップによれば、瓜生家の隣が、もう一つの老舗茶屋の「笹の雪」という豆腐料理屋なのだった（現在は近くに移転）。この界隈は、意外にも商家と住宅が近接した、いたって気取りのない「根岸の里」だったことがわかった。繁子も、近く（御穏殿）に住む兄克徳一家などと誘い合わせて、こうした店に一夕を過ごしたこともあっただろう。また何よりも、繁子の職場の東京音楽学校へも歩いて行ける距離である。

現在の日暮里駅周辺は、ビルが林立して昔の「根岸の里」の面影はないが、少し入れば、上野の戦争の時、彰義隊を匿って攻められた弾痕の残る寺院が点在する、歴史散歩コースもある。現代の象徴のような最新のコンピュータ装置で走る「舎人ライナー」の始発の駅「日暮里」でもある。

エピローグ

永井繁子との出会い

私は、日本人が幕末から明治にかけて、どのようにして近代への覚醒を遂げていったかというテーマに、限りなく興味を抱いてきた。その最もわかりやすい事例として、幕府崩壊前後、海外へと飛び出して行った日本人留学生が非常に多かったことが挙げられる（明治六、七年までに五六八名。この数字は石附実『近代日本の海外留学史』による）。

法政大学大学院の安岡ゼミ（近代史）で「幕末維新期の海外留学生」というテーマのもとに、「明治の教育制度と伊沢修二」という研究発表をした時の調査資料の中に「永井繁子」という名前を発見したのが、彼女との最初の出会いである。あの有名な五人の女子留学生の中に西洋音楽を、とくにピアノを学んで帰国した女性があったのか。ピアノ好きな私は、彼女に強く惹かれるものがあった。あれからはや二十年の歳月が経ったことになる。

安岡ゼミの発表時は、繁子の生身の人間像が浮かび上がるような資料には出会うことができず、発表も極めて不満足なものであった。

それからというもの、私は執拗に繁子についての情報や資料等を追い求めてきたように思う。今は亡き、洋楽史の研究では大きな業績を挙げられた中村理平氏にお聞きしてみよう、あるいは少しの手掛かりが得られるかもしれないと、函館で催された、氏がパネラーのひとりになっておられる「洋楽史再考・音楽取調掛前史の研究」シンポジュームに急遽参加した。そこで他の若手の研究者にもお会いしたが、そのシンポジュームのテーマにしては、永井繁子についてふれる人がまったくなかったのは不思議であった。

そうこうしているうちに、NHK総合テレビの「歴史発見」という番組で、「岩倉使節団の若者たち」が放映され、永井繁子の孫の瓜生武夫氏が、祖母繁子についてコメントをしておられたのである。その後瓜生氏と連絡がとれたことが、繁子研究の最初の突破口となった。瓜生氏から、「来る（平成五年）七月には山口県立山口博物館にて、企画展『岩倉使節団　内なる開国』が催されるので、そこに出品した史料を見てください」と知らされ、さっそく山口県に飛んだのは言うまでもなかった。

展示品の中には、繁子の留学先での鉛筆書きの英文日記帳、ヴァッサー・カレッジのキャンパス風景、ニューヘヴンの街並、繁子出演の学内コンサートのプログラムがあり、また何よりも印象深かったのは、大きなヴァッサー・カレッジの本人の卒業証書だった。私はこれを見たとき、繁子はこの大学で何をどのように学んだのか、どんな曲を聴き、どんな曲を弾いたのかを早く知りたくなった。日本でのはかばかしくいかない繁子探しはしばらく措いて、そうだ！アメリカに行こう、ヴァッサー・カレッジを訪れよう、と思い立ったのである。

ヴァッサー・カレッジへ

一九九六年を迎えると、私はヴァッサー・カレッジと何度かの往復文書を交わした。幸い夫が大学の夏期休暇中なので、同行してくれると言うので助かった。私は何度もアメリカの地図を取り出して、ニューヨーク州のポキプシーという町を確かめ、八月二十八日、夫とともに機上の人となった。

私たちはニューヨークのホテルに一泊の後、ポキプシー行きのバスの切符売場を探して行列に加わった。バスはおよそ三時間後、カレッジ正門前に止まった。

宿泊先の同窓会館アルムニー・ハウスは、小高い丘の上のヴィクトリア風の木造の建物だったが、相当に傷んでおり、石段の手摺りなどを修復中であった。周囲を鬱蒼とした樹木がとり囲み、大学の校門に通ずる一本の白い小道が見え、時折リスが樹木の幹を螺旋状に登り降りする愛らしい姿が見られた。

私たちは大学図書館特別資料室を訪れ、主任学芸員のナンシー・マックケクニー（Nancy Mackechnie）さんにお会いした。また、大学側のご好意で、カレッジ・ヒストリアンの肩書を持つ、前教授のエリザベス・ダニエルズさんが、私たちを待っていてくれたのである。

彼女はさっそく、自分の車でキャンパス内を案内してくれた。本館は第二帝政時代の様式を模したという瀟洒な建物で、創立当時（一八六一）のままの歴史的建造物であった。

繁子が学んだ当時のままの音楽科の建物と筆者

広々としたキャンパスには白粉花やサルビアが咲きこぼれ、リスがその花々の間からいたずらっぽい目で私たち人間を見つめ、夏の終わりというのに、プラタナスの大樹が、はや黄葉をしゃれたベンチの上に落とし始めていた。

目的の繁子の学んだ音楽科の学舎に着いた。一八七五年に建てられたそうだ。その落成式にルイザ・メイ・オールコットが招かれてきたという。セピア色の煉瓦造りの堅牢な建物は当時のままだそうだ。ダニエルズさんは、知り抜いた我が家のように案内してくれた。内部は個室の練習室が並び、廊下の順番待ちの木製の長椅子も、ぬり変えてはあるが、当時のままだという。廊下の突き当たりの右端の部屋は、繁子在学当時の音楽科長のリッター教授自身の、音楽活動の拠点を兼ねた部屋だったという。

長い廊下は張り替えられているが、当時の板目が一部残っている箇所をダニエルズさんが教えてくれた。黒光りしていた。彼女がいなかったら、こ

カレッジ・ヒストリアンのダニエルズさんと筆者

こまでわからなかっただろう。あの長椅子も床の板も、繁子が毎日すわったり歩いたりしたのかと思うと、胸が高鳴ってきた。教室の一隅には Chickering の銘のUSA製のグランドピアノが埃を被っていた。私は一八八〇年十月付のヴァッサーの校内誌『ヴァッサー雑誌』に、同名のピアノを三百五十ドルで購入したという記事のあったことを思い浮かべていた。もしかしたらこのピアノかもしれないな……と。年代的に繁子も弾いた可能性は大いにある。

現在この建物は東アジア・日本語科と演劇ルーム用に使われていて、音楽科はすぐ近くに音楽ライブラリーと隣接して建てられた別棟に移っていた。繁子の学んだ音楽科の窓からは“ Sunset Lake” という小さな池が樹間に光って見え、また別に“ Vassar Lake” と呼ばれる少し大き目の池があって、ちょっとした釣りには最適な、深い水を湛えていた。彼女の在学中の写真に、友人と釣りをしているところを撮ったのがあるが、この池でもしかしたら…？　でも後で聞いたら、繁子の時代よりやや下ってから作られた人工の池だそうな。

次に創立当時のままの本館を案内してもらう。二階のホールは、壁紙を除いてソファもテーブルも太い柱もまったく変わらないそうだ。このホールは学内のミニ・コンサート用に使われたという。「わがシゲ子もここで演奏したのです」とダニエルズさんは、だから案内したんですよ、と言わんばかりににっこりした。

こうして初日の「繁子めぐり」は終わった。明日からの特別資料室での資料調査のことを思うと、期待と緊張でなかなか寝つけなかった。

本館ホール。ここで音楽科主催のミニ・コンサートが催された。壁紙以外はまつたく当時のままとか

すでに七十六歳とかのダニエルズさんは実によい記憶力で、よく私の質問に答えてくれたし、資料室主任のナンシー・マックケクニーさんとの橋渡し役も実によく果たしてくれた。彼女はその上に、音楽関係のことは、その道の人がよいと、知人のチェンバリストの、ニューヨーク州立大学パルツ校で十八世紀のアメリカ音楽を研究中という、コリー(Dr.Maryjane Corry)さんを紹介してくれた。彼女は時間通り気軽に、私たちの宿泊している同窓会館にかけつけてくれ、音楽科長のリッター教授の知られざる癖などおもしろく語ってくれた。

さて翌日のこと、図書館の特別資料室での繁子関係資料の調査も最終日を迎え、ほっとした気分で図書館を出てくると、キャンパス内にはどこか晴れやかな空気がみなぎっている。何かあるなと思ったら、今日は

上：通いつめた殿堂のような図書館
下：入学式のチャペルに三々五々集まる新入生たち

入学式だとのこと。今借りたばかりといった、たたみ皺のある黒いガウンを着て、足元はサンダル履きやらスニーカーの新入生が会場のチャペルに三々五々と入っていく。教授連は伝統的な黒のガウンに色帯をたらした中世風の学者の装いで、列を組んでやって来た。私がカメラを向けると、彼らは逃げるようにチャペルに入って行ってしまった。

チャペルのステンドグラスには初秋の午後の落ち着いた光が射し、頭上からは荘重なオルガンの音とともに、ブルックナーのミサ曲の合唱が響き渡った。この曲は私も以前に合唱団で唱ったことがある。入学式の内容は若い女性学長の挨拶と心理学の女性教授の講演のあとに、これも女性の学生委員長の歓迎スピーチだけであった。

最後に「わが行く道は遥けきかなた」という、日本でもよく唱われる歌を全員で斉唱して、簡素な式は終わる。

百二十二年前の一八七八年九月に、やはりこのような入学式に臨んだであろう繁子と捨松の姿がオーバーラップして、よい時に出くわしたことに、私は涙ぐんでしまった。

フェアヘヴンへ

ヴァッサー・カレッジ特別資料室での資料調査もひとまず終えて、私たちは宿泊した大学同窓会館アルムニー・ハウスをあとにした。

さあ、今度は繁子のステイ先のコネチカット州フェアヘヴンを目指すことに——。ニューヨーク市のグランド・セントラル駅から二時間ほどでニューヘヴン駅に到着した。だがフェアヘヴンはいったいどこなのか。駅前の売店で買った地図で、やっと目星をつけ、また駅から何本も出ているバスの路線案内表にその名を見つけることができたものの、なお雲をつかむような気分だった。駅前のそれしかないダンキンドーナツ店で、昼食らしきものを済ませた。まず教会をチェックポイントに訪ねてみよう、とタクシーに乗り、古色蒼然とした教会前で降りた。しかし扉は堅く閉じたままであった。通りがかりの車が徐行をして私たちを不審そうに眺めてゆく。前方に鉄橋の掛った川（Qunnipiac River）が見えてきた。ニューヘヴン港に注ぐ川である。その手前を右に折れると教会の裏手の墓地に突き当たった。両側は楡の並木である。もしや繁子のホームステイ先のアボット家の墓標でもないかと探したが、数の多さと日盛りの暑さで音を上げそうになっていた。すると背後に車の止まる音がして、中から現われたのはこの墓地の管理人氏。早速、檀家（?）の名簿を開いて探してくれたがない。その上この辺りをぶらついていると極めて物騒なのだそうだ。管理人氏は「貴方たちに出会ったことは、わたしが貴方たちの命を救ったことになる」と上機嫌。これからニューヘヴン歴史協会へ行きたいのだと言うと、お安い御用とがらくた満杯の車に押し込まれるようにして協会に着いた。

先刻の墓地周辺の、木造の板壁がところどころ剥がされた家並みとはうって変わって、重厚かつ瀟洒な建物、職員たちの態度の真面目さ。一息つく間も惜しく、学芸員の女性にアボット・スクールの所在地と資料を調べていただいた。同スクールの現在地はイースト・グランド・ストリート二百番地とわかると、再びタクシーで飛んでゆく。繁子がステイしていた頃の道路標識名（ポプラー・ストリート）はそのまま残っていたが、第二章で述べた通り、家はあとかたもなく、広いガソリンスタンドになっていた。

町の様相は乱雑で清潔感に乏しく、町中の小公園にたむろす子どもたちも白人の子は見当たらなかった。繁子が少女期を過ごした当地は、駐米公使時代の森有礼が見込んだ環境抜群の、信仰厚いピューリタンのエリアだったはず。今はその面影を想像することが難しいほど様変わりしてしまったようだ。

ニューヘヴン歴史協会（1862 年創立）。ここでアボット家の資料を見せてもらった

私たちには、もう時間がなかった。アボット家の墓所を突き止めるのを諦めて、再びニューヘヴン駅にとって返し、ニューヨーク行きの列車に飛び乗った。ハドソン川に沿った鉄路にはペンペン草が生え、レール

上：フェアヘヴンの町並。人つ子一人歩いていなかつた
下：前方のガソリンスタンドがアボット・スクールのあつたところ

は赤錆が吹き出して、いかにも“気にしない”といったアメリカの風景である。夕日に光るハドソンの流れは、とても印象的だった。

ダニエルズさんが、「シゲコはきっとヴァッサー・カレッジの入学の際は、この鉄道か、ハドソン川を船で遡って行ったのでしょう」と言った言葉が思い出された。

こうして私の繁子追っかけの旅は、十分とはいえぬまでも、彼女が十年を過ごしたニューイングランドの風土を心に収めて終った。

その後…

一九九七（平成九）年、所属する洋学史学会の大会シンポジュームで、「幕末維新期の海外留学生」というテーマのもとにまとめた「明治最初の国費留学生永井繁子」を発表し、二〇〇三（平成十五）年三月に『舞踏への勧誘—日本最初の女子留学生永井繁子—』として単行本を刊行した。この著書の刊行に、恩師の法政大学名誉教授の安岡昭男先生から「刊行に寄せて」との懇切な序文を頂いた。また樋口雄彦氏（国立歴史民俗博物館教授）が、静岡県近代史研究会会報二九六号に新刊紹介として、長沼秀明氏（明治大学講師）が明治維新史学会会報四十三号に、松本英治氏（開成高校教諭）が洋学史研究会会報二十一号に、貴重な問題提起を含む書評をして下さった。そのほか、繁子の曾孫に当たる小金芳弘氏（元経済企画庁国民生活局長）がご自身のホームページに、また祖母の遠縁に当たるという松本道介氏が日本リヒャルト・シュトラウス協会会報五十七号に、紹介して下さった。ここに改めて御礼を申し上げたい。

そして二〇〇三年十一月、瓜生夫妻が繁子ゆかりの方々を招待、霞会館で出版記念会を催して下さった。会場には、繁子が好んで弾いたウェーバーのピアノ曲『舞踏への勧誘』がBGMに流れ、“青淡きシャンペングラス掌にとれば遠き明治のガス燈の色”（著者詠）を思わせる秋の夕べであった。あれから瞬く間に五年が過ぎ、アメリカに資料調査に飛んでから十二年という歳月が流れ去った。

その間、音楽関係方面からの反響はさっぱりなかったが、久米美術館（二〇〇〇年）が「岩倉使節団―日独交流史展」にて、瓜生繁子を登場させ、また二〇〇七（平成十九）年刊行『近現代日本人物史料情報辞典全三巻』（吉川弘文館）に「瓜生繁子」を執筆させていただいた。二〇〇八年一月には、東京藝術大学音楽学部の、創立一二〇周年記念のシンポジュームで、橋本久美子氏が音楽教育の先駆者として繁子に言及されたことは、本文で述べた。これで繁子を知る人が少しでも増えてくれれば嬉しい。

あとがき

本書の元となる『瓜生繁子：もう一人の女子留学生』（２００９年）は、先に刊行した『舞踏への勧誘―日本最初の女子留学生・永井繁子の生涯』の冗長な部分をそぎ落とし、若干の加筆をして、再版したものである。

五年ぶりに、ひっくり返した資料類の余りの多さに、それらと格闘した日々のことがよみがえり、ためいきが出たものである。しかしわずかながら新資料に出会えたことは、喜びである。瓜生夫人からは、お忙しいところを、貴重な未公開の写真など提供していただいた。また出版に際しては、文藝春秋企画出版編集室の彭理恵さん、編集者の鵜木直子さんには多大なお手数をお掛けした。

そしてこの度、電子書籍版・ＰＯＤ版として再出版するにあたり、22世紀アート出版企画部の中野裕次郎氏に大変お世話になった。それぞれの方に、厚く御礼を申し上げたい。

生田澄江

二〇二二年八月一日

瓜生（永井）繁子年譜

瓜生（永井）繁子年譜

※年齢は満年齢にて表記した

西暦	和暦	年齢	瓜生（永井）繁子関係事項（明治五年までは旧暦）
一八六一	文久元	0	3月20日、江戸湯島猿飴横町に生まれる。実父益田鷹之助は幕府外国方に勤務。幕府の軍医永井玄栄の養女となる。益田孝（三井物産初代社長）は兄。
一八七一	明治四	10	11月12日、岩倉使節団とともに、山川捨松・津田梅子・吉益亮子・上田悌子らとアメリカ留学へ出発。
一八七二	明治五	11	10月31日、繁子と捨松は森有礼に伴われ、コネティカット州ニューヘヴンのベーコン牧師宅に入る。11月7日、繁子は同州フェアヘヴンのアボット宅に寄宿し、同家の娘エレンの開くアボット・スクールの生徒として教育を受ける。
一八七五	明治八	14	7月7日、アボットとエレンと夏季休暇旅行中、メイン州ブラウンズウィックで詩人ロングフェローに会う。この年、繁子の夫となる瓜生外吉アメリカに留学。
一八七六	明治九	15	夏、フィラデルフィアで万国博が開催される。梅子の寄宿しているランマン夫妻に伴われ、捨松・梅子とともにフィラデルフィア近郊のブリッジポートで夏を過ごす。
一八七七	明治一〇	16	瓜生外吉、アナポリス海軍兵学校に入学。
一八七八	明治一一	17	4月、伊沢修二、「音楽伝習所案」を文部省に提出。9月18日、ニューヨーク州ポキプシーのヴァッサー・カレッジ音楽科に入学。捨松も同カレッジに入学。
一八七九	明治一二	18	3月25日、音楽教育家ルーサー・ホワイティング・メーソンの日本招聘決

			まる。10月23日、文部省に音楽取調掛設置。
一八八〇	明治一三	19	3月、メーソン着任。音楽取調掛に初めてメーソン持参のピアノが備えつけられる。5月28日、アメリカよりピアノ十台および楽譜・図書類が到着。このなかに英語版バイエル教則本二十冊が含まれる。10月、二十二名の音楽伝習生入学（修業年限四年）。
一八八一	明治一四	20	6月22日、繁子ヴァッサー・カレッジ音楽科卒業。瓜生外吉もアナポリス海軍兵学校卒業、帰国。10月26日、伊沢修二、音楽取調掛長となる。10月30日、繁子帰国。
一八八二	明治一五	21	3月2日、繁子、音楽取調掛に採用され、年俸三百六十円を受け、「洋琴教師」となる。7月1日、メーソン賜暇帰国のため、昌平館にて送別演奏会。11月6日、メーソン解雇伺提出。ドイツ人エッケルトを雇う。11月、津田梅子と山川捨松、帰国。12月1日、繁子、海軍中尉瓜生外吉と結婚。
一八八三	明治一六	22	11月、山川捨松、陸軍卿大山巌と結婚。見合いの席には瓜生夫妻も立ち合う。この年、津田梅子、伊藤博文夫人と娘の家庭教師となる。瓜生夫妻に長女千代誕生。
一八八四	明治一七	23	9月19日、繁子、年俸四百二十円を支給される。
一八八五	明治一八	24	3月7日、長男武雄誕生。7月20日、音楽取調掛第一回卒業式。幸田延他二名卒業。
一八八六	明治一九	25	10月1日、東京高等女学校教諭を兼嘱。12月6日、次男剛誕生。
一八八七	明治二〇	26	2月19日、音楽取調掛最後の卒業演奏会開催。オーストリア、フランス公使、高崎東京府知事ら五百人の来賓を迎える。7月9日、同掛演奏会開催、「明宮［のちの大正天皇］、諸官省諸官吏、外国公使の臨席を仰ぐ」とある。10月5日、音楽取調掛より東京音楽学校となる。10月25日東京高等女学校教諭となる。東京音楽学校は兼任。
一八八八	明治二一	27	1月、文部省編輯局長伊沢修二、東京音楽学校長兼任。11月4日、外国人お雇い音楽家ルドルフ・ディットリヒ着任。

一八八九	明治二二	28	次女忍誕生。6月24日、上野華族会館での「音楽同好会」発表式でウェーバー作曲の『舞踏への勧誘』を演奏。7月6日、東京音楽学校初の卒業式で、再び『舞踏への勧誘』を演奏。
一八九〇	明治二三	29	4月12日、東京音楽学校嘱託教授となる。「向一ヶ年一週三回、貴下ニ本校教授ヲ嘱託シ、報酬一ヶ月金三拾五円交付可被致條右御承諾被下度候也」。同時に新設の女子高等師範学校教授に任ぜられる。11月17日、正七位に叙せられる。
一八九一	明治二四	30	1月、帝国議会で東京音楽学校論争起きる。4月17日、東京音楽学校教授兼任となる。5月、伊沢修二、東京音楽学校長免職。8月2日、三男義男誕生。10月20日、文部省「学校長教員及ヒ生徒其祝日祭日ニ相応スル唱歌ヲ合唱スヘシ」と発令。繁子、紅一点の祝日祭日の歌詞及び楽譜審査委員を命ぜられる。この時に『君が代』、『紀元節』他八曲が選ばれる。
一八九二	明治二五	31	4月、読売新聞社が行った婦人和洋音楽家の人気投票で二位となる。一位は幸田延（『音楽雑誌』十九号）。9月、瓜生外吉、駐仏公使館付海軍武官として渡仏。
一八九三	明治二六	32	4月、東京音楽学校を免官。6月、政府、国家財政の経費節減という理由で東京音楽学校を高等師範学校付属に縮小。7月3日、三女栄枝誕生。
一八九四	明治二七	33	8月、日清戦争勃発。
一八九六	明治二九	35	8月31日、瓜生外吉帰国。
一九〇〇	明治三三	39	7月26日、津田梅子が「女子英学塾」を創立。繁子も尽力した。
一九〇二	明治三五	41	武雄、海軍兵学校入学。12月、女子高等師範学校を辞任。二十年の教師生活に別れを告げ、家庭に入る。
一九〇三	明治三六	42	3月18日、末子の四男勇誕生。
一九〇四	明治三七	43	2月9日、瓜生外吉、日露戦争に従軍、第二艦隊第四戦隊司令官として仁川沖海戦を勝利に導く。五月父鳳死す。

一九〇五	明治三八	44	アメリカの婦人雑誌『ハーパース・バザー』に日露戦時体制下の日本について投稿する。出征兵士の留守家族の支援を訴える。下町の貧困家庭を訪れ、激励する。5月27日、日本海海戦。外吉、勝利に貢献。11月、武雄、海軍兵学校卒業。
一九〇七	明治四〇	46	女子英学塾の社員となる。
一九〇八	明治四一	47	4月30日、遠洋航海中の軍艦「松島」が台湾澎湖島の馬公港に停泊中、弾薬庫が爆発して沈没。長男武雄（二十三歳、海軍少尉）殉職。
一九〇九	明治四二	48	瓜生外吉のアメリカ出張に同行し、6月8日、母校ヴァッサー・カレッジの卒業式で祝辞を述べる。
一九一四	大正三	53	7月、第一次世界大戦勃発。11月、パナマ運河開通記念サンフランシスコ世界博覧会の日本側副総裁となった外吉とともに渡米する。
一九一六	大正五	55	10月21日、繁子・大山捨松・津田梅子・桂川（上田）悌子の四人が集まる。吉益亮子はコレラですでに死亡。『東京朝日新聞』が「華盛頓以来の懐かしき団欒」という記事を掲載。
一九一九	大正八	58	2月17日、大山捨松死去。五十九歳。
一九二二	大正一一	61	7月、瓜生外吉、アナポリス海軍兵学校同期会（一八八一年次）を東京で主催。繁子も夫とともに日米親善のために努める。
一九二七	昭和二	66	9月11日、繁子執筆の "The Days of My Youth Memories of Famous People and Stirring Times of Early Meiji" が『ジャパン・アドヴァタイザー』紙に掲載される。
一九二八	昭和三	67	11月3日、死去。六十七歳。
一九二九	昭和四		8月16日、津田梅子死去。六十五歳。
一九三七	昭和一二		11月11日、海軍大将男爵瓜生外吉死去。八十歳。
一九三八	昭和一三		12月28日、益田孝（鈍翁）死去。九十一歳。

参考・引用文献

1 未刊資料

〈瓜生武夫氏所蔵資料〉
アボット家時代の繁子の英文日記
繁子のサイン帖“Autographs”
瓜生外吉の繁子宛英文書簡
瓜生武雄の母繁子宛英文書簡
女高師の教え子の繁子宛英文書簡
益田孝の繁子宛英文書簡
益田孝の「故瓜生繁子追悼紀念記」
伊藤忠兵衛書簡

〈東京藝術大学と図書館所蔵資料〉
「本省各局往復書簡——音楽取調掛文書綴——」

〈北海道大学図書館所蔵〉
女子留学生山川捨松・永井繁子のヴァッサー・カレッジ入学への助力礼状並びに時計の進呈（草稿）差出人黒田清隆、宛名ノースロップ教育長
女子留学生山川・永井の学業進歩に関するヴァッサー・カレッジ学長等の書簡送付。差出人ノースロップ教育長、宛名ニューヨーク領事頴川君平
女子留学生山川・永井の学業進歩につき報告（写）他三通　差出人ヴァッサー・カレッジ学長コールドウェル、宛名ノースロップ

〈Vassar College, Poughkeepsie, N. Y. Registrar's Office〉
Shige Nagai's Achievement Record.
Special Collection
Admission Records, 1878.
Collection of Materials relating to the Department of Music.
Department of Music

Dickinson. G. V. G. S.:“Outline of the History of the Department of Music, Vassar College(1863-1953)”.1957. A Typescript copy in custody of the Music Library, Vassar College.

〈New Haven Historical Society, New Haven, Conn. 〉
Collection of Materials relating to the Abbot School.
U. S. Census Records.

2 瓜生繁子・外吉関係公刊資料

「瓜生海軍大将追悼号」『水交社記事』第36巻第1号別冊、1938
「華盛頓以来の懐かしき団欒」『東京朝日新聞』1916（大正5）年10月21日
長井実編『自叙益田孝翁伝』（中公文庫）中央公論社、1989
宮沢九万象『瓜生大将を偲ぶ』青年誠友会、1939
Shige Nagai Uryu:“Japan's Leading Women and the War”, Harpers Bazar.
Shige Uryu:“The Days of My Youth - Memoirs of Famous People and Stirring Times of Early Meiji”, The Japan Advertiser, 11 September 1927.

Vassar College Annual Catalogue, 1877-78, 1878-79, 1879-80, 1880-81, 1881-82.
The Vassar Miscelany.
Yoshiko Furuki, et al, ed.: The Attic Letters. Ume Tsuda's Correspondence to her American Mother. New York, etc., Weatherhill, 1991.

3 その他の著書・論文（邦文）

青木光行『幕末維新期の女子教育——青山千世小伝——』筑波書林、1998
青山なを『明治女学校の研究』慶應通信、1982
イーディス・ホシノ・アルトバック著、田中寿美子・掛川トミ子・中村輝子訳『アメリカ女性史』（新潮選書）新潮社、1976
飯野正子・亀田帛子・高橋裕子編『津田梅子を支えた人びと』有斐閣、2000
生田澄江「ヴァッサー・カレッジにおける永井繁子——彼女の学んだ十九世紀後半の西洋音楽——」『法政史学』50（1998）
生田澄江「永井繁子のヴァッサー・カレッジ留学——明治における初の国費女子留学生——」
安岡昭男編『近代日本の形成と展開』巌南堂書店、1998

井口和起『日露戦争の時代』吉川弘文館、1998
石附実『近代日本の海外留学史』（中公文庫）中央公論社、1992
泉三郎『堂々たる日本人――知られざる岩倉使節団、この国のかたちと針路を決めた男たち』祥伝社、1996
井上義光編『アメリカの地域――合衆国の地域性――』弘文堂、1992
碓井知鶴子『女子教育の近代と現代――日米の比較教育学的試論――』近代文芸社、1994
内田魯庵著、紅野敏郎編『新編　思い出す人々』（岩波文庫）岩波書店、1994
ＮＨＫ歴史発見取材班『歴史発見』角川書店、1993
桜蔭会編『桜蔭会史』同会刊、1940
大柴衛『アメリカの女子教育――実力派女性のバックグラウンド――』（有斐閣選書）有斐閣、1982
太田愛人『開化の築地・民権の銀座――築地バンドの人びと――』築地書館、1989
大庭みな子『津田梅子』朝日新聞社、1990
『お茶の水女子大学百年史』同大学、1984
海軍兵学校編『海軍兵学校沿革――明治二年〜大正八年』（明治百年史叢書）原書房、1968（復刻版）
加藤恭子『ニューイングランド物語――アメリカ、その心の風景――』（ＮＨＫブックス）日本放送出版協会、1996

上笙一郎・山崎朋子『光ほのかなれども』(現代教養文庫)、社会思想社、1995
上沼八郎『伊沢修二』(人物叢書) 吉川弘文館、1988
鎌田芳朗「大将瓜生外吉――日本海海戦勝利への貢献者」『帝国海軍将官総覧』(『歴史と旅』臨時増刊) 秋田書店、1990
川澄英男『ディケンズとアメリカ――十九世紀アメリカ事情――』彩流社、1998
金原左門『小田原の文化をよみなおす』夢工房、1998
久野明子『鹿鳴館の貴婦人 大山捨松』中央公論社、1988
小島直記『三井物産初代社長』(中公文庫) 中央公論社、1985
小玉晃一・敏子『明治の横浜』笠間書院、1979
沢田次郎『近代日本人のアメリカ観――日露戦争以後を中心に――』慶應義塾大学出版会、1999
塩崎智『アメリカ「知日派」の起源――明治の留学生交流譚――』(平凡社選書) 平凡社、2001
篠原宏『海軍創設史――イギリス軍事顧問団の影――』リブロポート、1986
白崎秀雄『鈍翁・益田孝』(中公文庫) 中央公論社、1998、全2冊
神西清『現代婦人論』中央公論社、1940
鈴木孝一編『ニュースで追う明治日本発掘7 日露戦争II 旅順攻防戦、八甲田遭難の時代』河出書房新社、

1995
高橋裕子「最初の女子留学生派遣の経緯――津田梅子の背景を中心に――」高橋裕子『大人と子供の関係史第二論集』1996
高橋裕子「駐米時代における森有礼と女子教育観――津田梅子ら女子留学生との接点から――」『史境』三四桜美林大学国際学部、1997
高橋裕子「ヴィクトリア時代の家庭と最初の女子留学生――津田梅子のランマン家受入れの経緯を中心に――」『津田塾大学紀要』30（1998）
田中宏巳『東郷平八郎』（ちくま新書）筑摩書房、1999
エリアノーラ・メアリ・ダヌタン著、長岡祥三訳『ベルギー公使夫人の明治日記』中央公論社、1992
築地居留地研究全編『築地居留地――近代文化の原点――第1巻』同会刊、2000
『東京女子師範学校職員一覧』
『東京女子高等師範学校六十年史』同校、1934。リプリント版　第一書房、1981
富田仁編『海を越えた日本人名事典』日外アソシエーツ、1985
中川良和「B・C・ノースロップ再考」『英学史研究』一五英学史学会、1982
中山茂『大学とアメリカ社会――日本人の視点から――』朝日新聞社、1994

日本洋楽資料収集連絡協議会編『紀尾井町時代の幸田延』同会、1977
『沼津市明治史料館通信』第一巻四号、1986
沼津市明治史料館通信編『神に仕えたサムライたち』同館刊、1997
函館日米協会編『箱館開化と米国領事』北海道新聞社、1994
エミリー・ハーティング著、松山信直ほか訳『アメリカ北東部――英米文学史跡の旅――4』英宝社、1982
鳩山春子『鳩山春子――我が自叙伝――』日本図書センター、1997
鳩山春子編『鳩山の一生（伝記・鳩山和夫）』（伝記叢書）大空社、1997
樋口雄彦「韮山県と静岡藩をめぐる人物雑録」『韮山町史の栞』23　韮山町史編纂委員会、1998
平高典子編「特集　幸田家の人びと」『東京人　創刊百号記念』東京都歴史文化財団、1996
二葉保育園編『二葉保育園八十五年史』同園、1985
アリス・ベーコン著、久野明子訳『華族女学校教師の見た明治日本の内側』中央公論社、1994
松本秀彦『母を語る』著者刊、1977
E・S・モース著、石川欣一訳『日本その日その日』（東洋文庫）平凡社、1970　全3冊
森有礼「日本教育策」明治文化研究全編『明治文化全集第18巻　教育篇』日本評論社、1967
サミュエル・エリオット・モリソン著、西川正身訳・監修『アメリカの歴史』（集英社文庫）集英社、1997、

全5冊
ダビット・モルレー「ダビット・モルレー申報」明治文化研究会編『明治文化全集第18巻教育篇』日本評論社、1967
師岡愛子訳『訳文　巌本嘉志子』龍溪書舎、1982
山川菊栄『山川菊栄集8　このひとびと』岩波書店、1982
山口玲子『とくと我を見たまえ――若松賤子の生涯――』新潮社、1980
山崎孝子『津田梅子』（人物叢書）吉川弘文館、1962
吉川利一『津田梅子』（中公文庫）中央公論社、1990
吉村昭『陸奥爆沈』（新潮文庫）新潮社、1979
『吉田清成関係文書四　書翰篇』思文閣出版、2008
大塚栄三『益田克徳翁伝』東方出版、2004

4 音楽関係資料・著書・論文

伊沢修二著、山住正己校注『洋楽事始　音楽取調成績申報書』（東洋文庫）平凡社、1971
井上和男編著『クラシック音楽作品辞典』三省堂、1993

上原一馬『日本音楽教育文化史』音楽之友社、1988
遠藤宏『明治音楽史考』有朋堂、1948
奥田恵二『アメリカの音楽——植民時代から現代まで——』音楽之友社、1970
『音楽雑誌』8－15、30号（1891－93）復刻版
音楽之友社編『最新名曲解説全集15　独奏曲』同社、1981
上沼八郎「伊沢修二と『ルーサー・ホワイティング・メーソン』小稿」『東京女子体育大学紀要』5、1970
田甫桂三『近代日本音楽教育史』学文社、1980
團伊玖磨『私の日本音楽史——異文化との出会い——』（NHKライブラリー）日本放送出版協会、1999
千歳八郎『十九世紀のピアニストたち』音楽之友社、1995－97、全2冊
セオドア・テルストロム著、川島正二訳『アメリカ音楽教育史』（財）音楽鑑賞教育振興会、1986
『東京音楽学校職員名簿』1889－92、94
『東京音楽学校創立五十周年記念史』同校刊、1929
東京芸術大学百年史編集委員全編『東京芸術大学百年史　東京音楽学校篇第一巻』音楽之友社、1987
東京芸術大学百年史編集委員会編『東京芸術大学百年史　演奏会篇第一巻』音楽之友社、1990
東京芸術大学音楽取調掛研究班編『音楽教育成立への軌跡』音楽之友社、1976

東京新聞出版局編『上野奏楽堂物語』同社、1987
供田武嘉津『西欧音楽教育史』音楽之友社、1991
中河原理『声楽曲鑑賞辞典』東京堂出版、1993
中村理平『洋楽導入者の軌跡——日本近代洋楽史序説——』刀水書房、1993
中村理平『キリスト教と日本の洋楽』大空社、1996
西原稔『ピアノの誕生—楽器の向こうに「近代」が見える』（講談社選書メチエ）講談社、1995
『日本近代音楽館館報』4、日本近代音楽財団、1991
堀内敬三『音楽明治百年史』音楽之友社、1968
三浦俊三郎『本邦洋楽変遷史』日東書院、1931
安田寛『唱歌と十字架——明治唱歌事始め——』音楽之友社、1993
渡辺裕『聴衆の誕生——ポスト・モダン時代の音楽文化』春秋社、1989
渡辺裕「音楽の自動化と女性解放」『大航海』10（1996）
日本洋楽資料収集連絡協議会編『紀尾井町時代の幸田延』

5 Works in English

Daniels, Elizabeth A.: Main to Mudd, and More. An Informal History of Vassar College Buildings. Poughkeepsie, Vassar College, 1996.

Dictionary of American Biography. New York, Scribner, 1964. 11 vols.

Howe, Sondra Wieland:〝The Role of Women in the Introduction of Western Music in Japan〟, The Bulletin of Historical Research in Music Education, XVI-2 (1995).

Linner, Edward R.: Vassar. The Remarkable Growth of a Man and His College 1855-1865. Poughkeepsie, Vassar College, 1989.

Mori, Arinori: Education in Japan.1882.（邦訳　森有礼「日本教育策」明治文化研究全篇『明治文化全集第18巻　教育篇』日本評論社、1967）

Sweetman, Jack: The U. S. Naval Academy. An Illustrated History. Annapolis, Naval Institute Press, 1988.

著者プロフィール

生田澄江（いくた　すみえ）

東京生まれ
東京声専音楽学校教員養成科卒業
明治大学文学部史学地理学科（日本近世史専攻）卒業
法政大学大学院人文科学研究科日本史（近代）専攻修士課程修了
明治維新史学会会員

著書：
『舞踏への勧誘―日本最初の国費女子留学生―』文芸社（２００３）
『幕末におけるフランス艦隊の琉球来航と薩琉関係』文芸社電子出版（２００３）
『瓜生繁子―もう一人の女子留学生―』文藝春秋社（２００９）

論文：

『弾かないピアノ：歌集（改訂版）』文芸社（2014）
『チャルダッシュ：短歌とエッセイ』短歌研究社（2014）
「『捕影問答』にみる大槻玄沢の対外認識―オランダ情報との関連において」法政史論第18号（1991）
『沖縄文化研究19』所収「幕末におけるフランス艦隊の琉球来航と薩琉関係」法政大学沖縄文化研究所所収（1992）
『近代日本の形成と展開』安岡昭男編　厳南堂書店所収「明治における初の国費女子留学生」（1998）
洋学史学会　大会シンポジュームのテーマ「幕末維新期の海外留学生」における「瓜生繁子」の発表とテーマのパネリスト（1997）法政大学小金井校舎にて
「ヴァッサー・カレッジにおける永井（瓜生）繁子―彼女の学んだ19世紀後半の西洋音楽―」法政史学第50号（1998）

歌集：

『弾かないピアノ』ながらみ書房

辞典の執筆：
安岡昭男編『近現代用語辞典』新人物往来出版
伊藤隆・季武嘉也編『近現代日本人物史料情報辞典3』吉川弘文館「瓜生繁子」を担当
他

もう一人の女子留学生
瓜生繁子はどう生きたか

2023年3月31日発行　　著　者　生田澄江
発行者　向田翔一

発行所　株式会社22世紀アート
〒103-0007
東京都中央区日本橋浜町3-23-1-5F
電話　03-5941-9774
Email: info@22art.net　ホームページ：www.22art.net

発売元　株式会社日興企画
〒104-0032
東京都中央区八丁堀4-11-10 第2SSビル 6F
電話　03-6262-8127
Email: support@nikko-kikaku.com
ホームページ：https://nikko-kikaku.com/

印刷
製本　株式会社PUBFUN

ISBN：978-4-88877-177-1